Liebe Leserinnen, liebe Leser!

›Schneller als das Herz eines Sterblichen verändert sich die Stadt. Das alte Paris ist verschwunden.‹ So trauerte Baudelaire im 19. Jahrhundert – und so hört man bis heute Nostalgiker klagen. Wer der Seine nur für ein paar Jahre fernblieb, steht staunend vor den neuesten Errungenschaften der Stadt: Da ist die gigantische Nationalbibliothek im 13. Arrondissement, und da gibt es die Skate-Night-Treffen am Boulevard du Montparnasse und Shiatsu-Massagen im ›No Stress Café‹. Bei jedem Besuch gibt es Neues zu entdecken. Paris lebt intensiv, und sein Puls schlägt schneller als der der meisten anderen europäischen Städte.

Doch keine Angst: Das alte Paris ist nicht verschwunden. Es lebt fort in den schönen sandsteinfarbenen Hausfassaden, den Straßencafés und Bistros und auf den vielen bunten Märkten. Es lebt auch in den wunderbaren gotischen Kirchen der Stadt, den Museen mit ihren einzigartigen Kunstschätzen, in großzügigen Parkanlagen wie dem Jardin du Luxembourg und in den Straßen, die auf Schritt und Tritt Geschichte atmen.

Paris ist eine Frau ›mit Vergangenheit‹, ganz gleich, wie schrill und modern sie sich auftakelt. Keine Kulturepoche der letzten 2000 Jahre, die nicht ihre Spuren hinterlassen hätte. Kaum ein Künstler, den es nicht in die französische Hauptstadt zog. Hier waren die ersten Baumeister der Gotik am Werk, hier malten van Gogh und Pablo Picasso, kamen Impressionismus und Kubismus erstmals auf die Leinwand. Dies alles zu entdecken, macht viel Freude und die wünscht

Ihr HB-Bildatlas-Team

Zeugnis der Belle Époque: der Pont Alexandre III

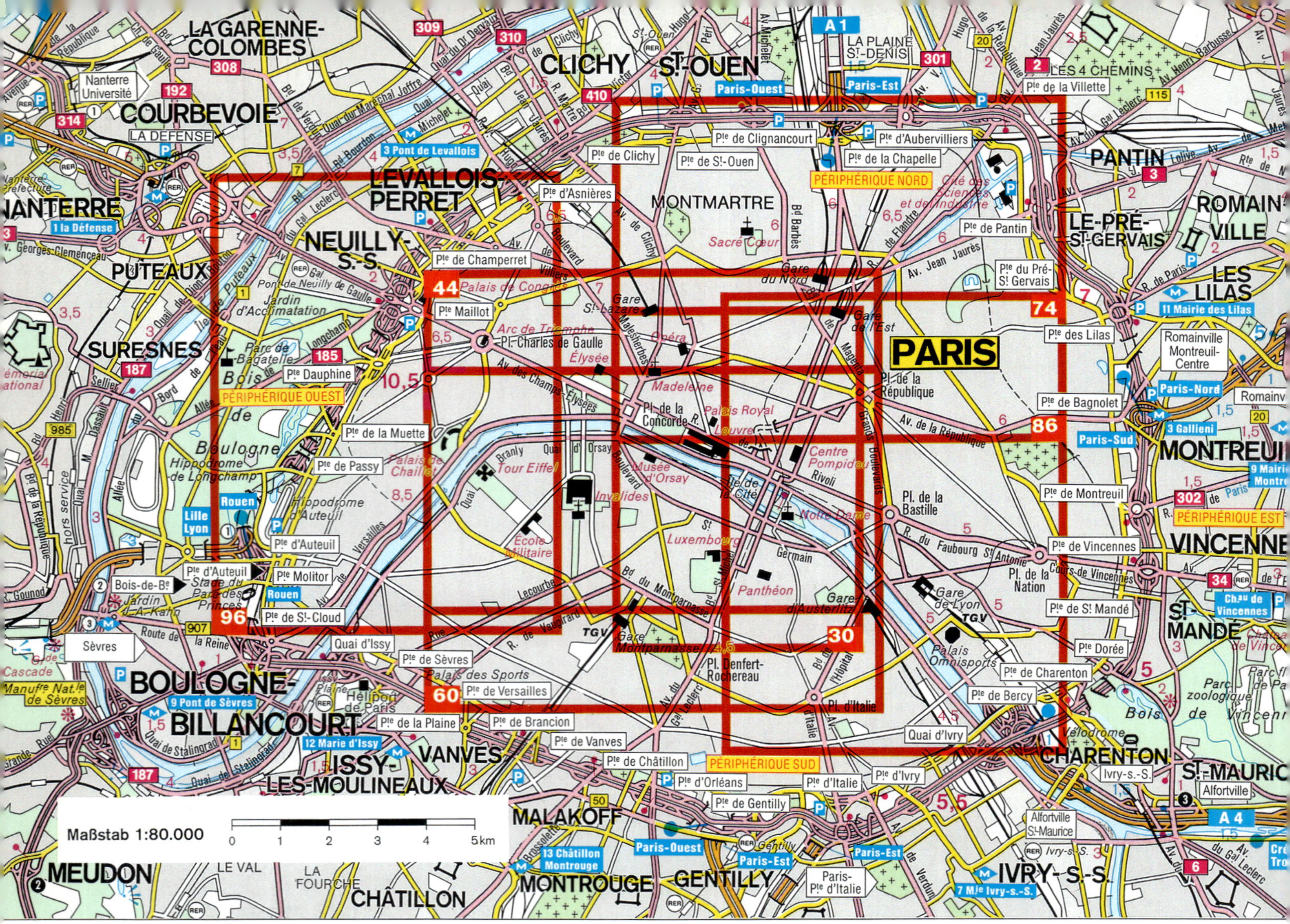
LA GARENNE-COLOMBES
COURBEVOIE
CLICHY
ST-OUEN
LEVALLOIS-PERRET
NEUILLY-S.-S.
NANTERRE
PUTEAUX
MONTMARTRE
PANTIN
LE-PRÉ-ST-GERVAIS
ROMAINVILLE
LES LILAS
SURESNES
PARIS
MONTREUIL
VINCENNES
ST-MANDÉ
BOULOGNE-BILLANCOURT
ISSY-LES-MOULINEAUX
VANVES
MALAKOFF
MONTROUGE
GENTILLY
IVRY-S-S.
CHARENTON
ST-MAURICE
MEUDON
CHÂTILLON
PÉRIPHÉRIQUE NORD
PÉRIPHÉRIQUE OUEST
PÉRIPHÉRIQUE SUD
PÉRIPHÉRIQUE EST
Bois de Boulogne
Bois de Vincennes
Maßstab 1:80.000
0 1 2 3 4 5km
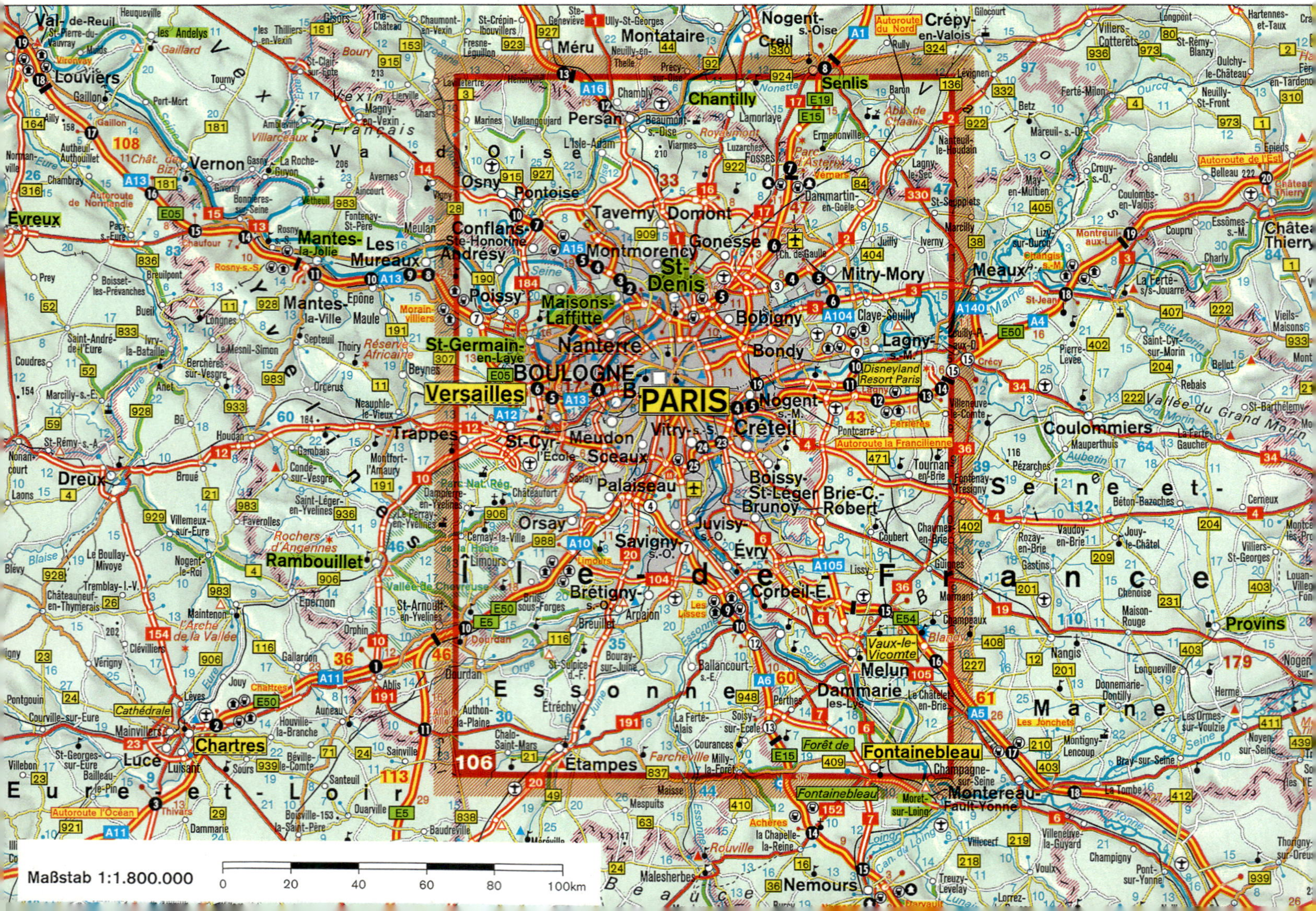
Louviers
Vernon
Evreux
Mantes-la-Jolie
Les Mureaux
Pontoise
Persan
Chantilly
Senlis
Creil
Méru
Montataire
Crépy-en-Valois
Conflans-Ste-Honorine
Poissy
Maisons-Laffitte
St-Germain-en-Laye
Montmorency
St-Denis
Gonesse
Mitry-Mory
Meaux
Nanterre
Bobigny
Bondy
Lagny
Versailles
BOULOGNE-B.
PARIS
Créteil
Trappes
St-Cyr
Meudon
Vitry
Sceaux
Palaiseau
Coulommiers
Rambouillet
Dreux
Orsay
Savigny
Juvisy
Évry
Brétigny
Corbeil-E.
Melun
Dammarie
Provins
Chartres
Étampes
Fontainebleau
Montereau-Fault-Yonne
Nemours
Île-de-France
Essonne
Seine-et-Marne
Eure-et-Loir
Maßstab 1:1.800.000
0 20 40 60 80 100km

Frankreichs Nationalheldin Jeanne d'Arc

Inhalt

Paris glänzt

Feuerwerk über der Seine. Nacht für Nacht werden die Seinebrücken und die wichtigsten der zahlreichen Prachtbauten illuminiert – im Bild der Pont Alexandre III und der Eiffelturm. Das nächtliche Paris – für viele die schönste Stadt der Welt – ist alles andere als dunkel.

Gebaute Macht

Bis heute setzen sich Frankreichs Mächtige ihre Denkmale. La Grande Arche, als ›Fenster zur Welt‹ gedacht, erscheint wie der Triumphbogen seines Bauherrn, des Präsidenten François Mitterrand († 1996). Wo andere bedächtig an Umbau denken, wird in und um Paris radikal auf Neues gesetzt. Ganze Stadtviertel wie La Défense, Paris Rive Gauche oder auch die Villes Nouvelles sind das Ergebnis.

LE FOYER DE L'ARCHE

Die Welt unterm Eiffelturm

Die magnetische Mitte: Vom Eisenturm des Ingenieurs Gustave Eiffel (1832–1923) fühlen sich jährlich etwa 6 Millionen Besucher angezogen. Beim Wahrzeichen von Paris muss man im Sommer und zu Ostern schon mal Schlange stehen, um sich die Höhepunkte der Seinemetropole zu erobern.

Die Kunst zu wählen

Wer sich für Kunst interessiert, der kann in Paris verzweifeln, denn das Angebot an großartigen Museen ist überwältigend. Hier gilt: Man muss sich entscheiden. Das Musée National d'Art Moderne im Centre Pompidou zeigt auch für traditionelle Sujets der Kunst eine zeitgemäße Umsetzung wie die Christusskulptur ›Ecce homo‹ (Sehet, welch ein Mensch).

Pracht, Prunk, Protz

Das feudale Paris, die Stadt der Kaiser und Könige, ist in Prachtbauten noch immer gegenwärtig, wie auch die Belle Époque des bürgerlichen Wohlstands. Wer in solch historischem Ambiente speisen will, findet viele Adressen. Charles Garnier, der die nach ihm benannte Oper entwarf, gestaltete auch das ›Café de la Paix‹ im Repräsentationsstil des ausgehenden 19. Jahrhunderts.

À la mode, das ganze Jahr

Im ›Goldenen Dreieck‹ zwischen Champs-Élysées, Avenue Montaigne und Avenue George V sind zahlreiche Luxusboutiquen, wie die von Christian Dior, angesiedelt. Der Blick ins Schaufenster ist umsonst. Doch es muss nicht immer Haute Couture sein: Auch für weniger Betuchte ist das Angebot verlockend groß.

Lust zum Verweilen

Wer seinen Kulturbedarf gedeckt hat, kann im Park der Tuilerien entspannen – eine der ältesten und schönsten Grünanlagen von Paris mit prächtigem Blick auf den Louvre.

Mitten im Herz: Le vieux Paris

Inmitten der Seine liegt die Île de la Cité – das (k)alte Herz der Stadt. Stein gewordene Geschichte dominiert, wo Paris seinen Anfang nahm: Conciergerie, Palais de la Justice, Ste-Chapelle und Notre-Dame. Die pulsierende Großstadt muss man anderswo suchen. Der Louvre dagegen – mit Glaspyramide, unterirdischen Einkaufspassagen und eleganten Cafés – hat den Anschluss an die Postmoderne geschafft.

Vom Square de Vert-Galant aus eröffnet sich der Blick auf den nächtlich illuminierten Pont des Arts und den Louvre.

▲ Tagsüber sandsteinfarben, nachts goldglänzend, ... ▼ ... Notre-Dame ist auch innen eine Augenweide ▼ Vielfalt und Schönheit der Gotik

▲ Auf Frankreichs berühmtester Kirche

▼ Die Namensgeberin

Notre-Dame, die große alte Dame, hat sich fein gemacht. Die Fassade des gotischen Meisterwerks, durch Abgase und den Staub der Jahrhunderte dunkelgrau geworden, zeigt wieder hellen Sandstein. Auch die Türme sind wieder offen. Der unvergleichliche Blick hinunter, vorbei an den Fratzen der Chimären, lohnt selbst stundenlanges Anstehen. Und so kommen sogar Pariser wieder ab und an auf die Île de la Cité, um einen Blick auf die weltberühmte Kathedrale zu werfen. (Heimlich natürlich – Pariser meiden ihre touristischen Attraktionen wie Gourmets den Ketchup.)

Überhaupt ist der älteste Teil der Stadt nicht gerade der Treffpunkt von tout Paris – was soll man auch in dieser steinernen Wüste? Die Seineinsel zeigt uns, wie Wolf Biermann es nannte, die ›schöne, kalte Schulter‹: alte Paläste, gotische Kirchen, Geschichte auf Schritt und Tritt. Da sucht man Cafés, Boutiquen, pulsierende Großstadt und aufregendes Nachtleben vergeblich. So mancher Einheimische hält sich nur auf der Insel auf, wenn er in die Polizeipräfektur zitiert wird oder – dann ist der Anlass womöglich noch weitaus unangenehmer – vor eines der Gerichte im Justizpalast.

Ein alter Platz des Rechts

Vom nördlichen Seineufer aus ist sie am besten zu sehen, die trutzige mittelalterliche Conciergerie, einst Königspalast und später Gefängnis. In den kleinen, winzigen Zellen warteten so bekannte Persönlichkeiten wie Danton, Robespierre und Marie-Antoinette auf den Tod. Auf dem Cour de Mai des angrenzenden Justizpalasts wurde ihnen der Kopf geschoren, ehe man sie zur Guillotine karrte. Wer heute den verwirrenden Komplex aus Conciergerie, Justizpalast und Ste-Chapelle (die schönste Kirche der Stadt) ›geschafft‹ hat, lernt dabei eine Menge – über die französische Geschichte und auch über das ungebrochene Verhältnis unserer Nachbarn zu ihrer wechselvollen Vergangenheit. Denn seit dem 13. Jahrhundert wurde und wird an diesem Ort Recht gesprochen – sei es das Recht der Könige, das der blutrünstigen Revolutionstribunale, das des Kaiserreichs oder jenes der modernen Republik.

▲ Die Conciergerie – einst ein Gefängnis

▲ Ste-Chapelle und Palais de Justice auf der Cité-Insel

▼ Aus dem 17. Jahrhundert: die Place Dauphin

▲ Der Pont Neuf ist die älteste Seinequerung

▲ Kellnerwettlauf am Hôtel de Ville

▼ Vogelmarkt auf der kleinen Place Louis-Lépine

Die neue Befreiung der Seine

Nicht nur den ›Stars‹ der Metropole wie Notre-Dame und Louvre hat man eine Schönheitskur gegönnt. Überall wird renoviert und modernisiert. Dazu muss sich die Stadtverwaltung im Hôtel de Ville zunächst einmal mit den früheren Bausünden herumschlagen. In den 1970er-Jahren wurde die Seine beiderseits mit Schnellstraßen beglückt. Statt am Ufer zu flanieren, kann man dort mit dem Auto entlangrasen – im Tunnel des Pont de l'Alma starb 1997 Prinzessin Diana.

Zögerlicher als in anderen europäischen Städten wurde der Rückwärtsgang eingelegt. Erst im Oktober 1997 gab es in Paris den ersten Smogalarm. Inzwischen sind einige der Straßen entlang der Seine zumindest sonntags für Autos gesperrt. Das aufwendige Projekt ›La Seine, ligne de vie‹ will die Stadt attraktiver machen: Wege für Fußgänger, Radfahrer und Inlineskater wurden angelegt. Vom Parc André-Citroën im Westen bis hin zur Bibliothèque de France im Osten soll man künftig auf zwölf Kilometern radeln oder wandern können. Eine neue Fußgängerbrücke, die Passarelle Solférino, verbindet mittlerweile die Tuilerien mit dem linken Flussufer, die Place de la Concorde soll fußgängerfreundlicher werden und die Seinebrücken bekommen für rund 12 Millionen Euro eine neue Illumination ... Die Liste der guten Taten ist lang.

(K)eine Stadt zum Wohnen

Auch an der spärlichen Beleuchtung der Flussufer wird gearbeitet. Spaziergängern wird's gefallen, den Clochards weniger. Aber die heißen sowieso schon längst ›sdf‹ – sans domicile fixe, also ›ohne festen Wohnsitz‹ – und sie leben nicht bei Kerzenschein und Rotwein unter den Brücken der Stadt, sondern auf den Straßen und in Metroschächten. Romantisierung ist fehl am Platz angesichts 40 000 Obdachloser in Paris. Das Problem ist nicht neu – schon Villon, Picasso oder später Leo Carax mit seinen ›Liebenden von Pont-Neuf‹ haben den Clochards Kunstwerke gewidmet – und an Geld fehlt es eigentlich nicht in Paris. Aber der Tradition gemäß hat man vor allem auf Renommierobjekte gesetzt; die Menschen dagegen in die Trabanten-

▲ Königlicher Eintritt ins Museum

▼ Unterirdische Passage am Louvre

▼ Der Louvre hat eine eigene Métrostation

▲ Cour Napoléon mit Glaspyramide von Ieoh Ming Pei

▼ Ein Madonnenbild wird kopiert

▲ Delacroix' Bild ›Die Freiheit auf den Barrikaden‹

▼ Die ›Nike von Samothrake‹

städte am Rande gedrängt. Die Abwanderung junger Familien, die die horrenden Mieten nicht mehr zahlen können, ist ein zentrales Problem der Stadtverwaltung. Geht es dann aber um neuen Wohnraum, wird mit großer Geste geplant, wie jetzt im 13. Arrondissement. Hier lässt die Kapitale unter dem Namen Paris Rive Gauche einen ganz neuen Stadtteil entstehen.

La ville, c'est moi

Paris und seine Großprojekte – ein Kapitel für sich. Imposanter, schöner, teurer müssen die Bauten sein, mit denen sich französische Herrscher ein Denkmal setzen. Das ganze Land muss zahlen, die Pariser profitieren davon. Auch wenn sie so manches zunächst verspotteten: der Eiffelturm ein Riesenskelett, das Centre Pompidou eine Ölraffinerie, die Louvrepyramide ein Sakrileg. Die Stadträte im Hôtel de Ville haben zu den Plänen der staatsmännischen Bauherren stets genickt. Was blieb ihnen auch anderes übrig? Wenn sie sich ins Buch der Geschichte einschreiben wollen, sind die Präsidenten der Fünften Republik kleine Sonnenkönige. Schließlich kann man Ästhetik und große Kultur nicht diskutieren, basta.

Ehrgeizigster Bauherr war ausgerechnet der Sozialist Mitterrand. In seiner Amtszeit entstanden gleich neun Grands Travaux, die meisten der Kunst und Kultur gewidmet, wie die Oper an der Place de la Bastille und die neue Nationalbibliothek.

Milliardenspiel: der Louvre

Unter Mitterrands Ziehkindern gilt sein Projekt Grand Louvre als das gelungenste. Das ehemalige Königsschloss avancierte zum größten Museum der Welt. Die Glaspyramide und das elegante Untergeschoss Le Carrousel haben völlig neue Akzente gesetzt. Der Umbau des Louvre kostete über eine Milliarde Euro. Da fallen die 15 Millionen, die das Hickhack um den Nordflügel gekostet hat, kaum ins Gewicht: Nachdem das dort ansässige Finanzministerium den Flügel geräumt hatte (Kosten 5 Millionen), machte der damalige Finanzminister die Aktion rückgängig (weitere 10 Millionen). Es nützte jedoch nichts, er musste wieder raus: Seit 1993 ist der so genannte Richelieuflügel nun Teil des Museums, und das

▲ Square Barye, Île St-Louis ▼ Arc de Triomphe du Carrousel

▲ Dramatischer Ausdruck: Statue im Tuileriengarten

▼ André Le Nôtre, Gartenbaumeister Ludwigs XIV., entwarf die Tuilerien

Schloss widmet sich ausschließlich der Kunst – wer nicht nur die Mona Lisa lächeln sehen, sondern alle 300 000 Werke würdigen will, braucht sehr gute Schuhe.

▲ Modepräsentation in den ... ▲ ... Louvre-Galerien ▼ Place de la Concorde

SPECIAL

Das ›grüne‹ Paris

Le Paris vert? Sollte es stimmen, womit das Fremdenverkehrsamt wirbt: Paris sei eine der ›natürlichsten‹ Hauptstädte Europas? Man verweist auf 486 000 Bäume und 426 Parks. Viele der Bäume sind hinter der geschlossener Bebauung versteckt und nur für Anwohner sichtbar. Aber die Parks – bezaubernder Teil großstädtischer Kultur – sie laden ein zu Spaziergängen durch die Jahrhunderte: der barocke Jardin des Tuileries, der im Zuge des Projekts Grand Louvre 700 neue Bäume bekam, der aristokratische Park Monceau, den Marcel Proust einst als Spazierweg bevorzugte, der romantische Landschaftsgarten der Buttes Chaumont den Napoleon III. im Jahre 1866 in Auftrag gab, der moderne Jardin Atlantique mit steinernen Wellen und geschwungenen Rasenflächen über den Gleisen des Bahnhofs Montparnasse. Eines ist ihnen jedoch gemeinsam: Sie sind eher Beispiele für Gartenarchitektur als für natürlichen Lebensraum – auch wenn das französische Fernsehen 1997 verkündete, dass ab sofort das Betreten aller Pariser Rasenflächen erlaubt sei! Vorbei die grausamen Zeiten, als Liebespaare, Mittagsschläfer und Frisbeespieler von strengen Parkwächtern verjagt wurden. Ein wahrlich grüner Erfolg.

Erzwungene Bescheidenheit

Natürlich hat sich auch Jacques Chirac, als er 1995 Präsident wurde, sofort an sein eigenes Grand Projet gemacht. Aber das neue Musée des Arts et des Civilisations, das bis 2005 am Quai Branly entstehen soll, versucht gar nicht erst, mit dem Centre Pompidou oder dem Louvre zu konkurrieren. Denn inzwischen ist in Paris neue Bescheidenheit eingekehrt. Erstens, weil das Geld für weitere Prunkbauten fehlt. Zweitens, weil die Mittel für den Erhalt der neuen Bauten nötig sind: Bibliothek, Oper und Grande Arche alleine verschlingen jährlich einen Großteil des französischen

44
86
44
60
60
74
St Lazare
Havre Caumartin
Trinité d' Est d' Orves
N.D. de Lorette
Le Peletier
Cadet
Poissonnière
Gare de l'Est
Ch. d'Antin La Fayette
Rich. Drouot
Grds. Boulevards
Château d'Eau
Jacques Bonserg
Opéra
Quatre Sep.re
Bonne Nouvelle
Strasbourg St Denis
Madeleine
Bourse
Sentier
Réaumur Sébastopol
République
Concorde
Pyramides
Arts et Métiers
Tuileries
E. Marcel
Palais Royal Musée d. Louvre
Les Halles
Louvre Rivoli
Rambuteau
MARAIS
Assemblée Nationale
Solférino
Châtelet
Pont Neuf
Hôtel de Ville
Rue du Bac
St Paul
Cité
Pont Marie
ST GERMAIN DE PRÉS
St Germain des Prés
St Michel Not. Dame
ÎLE DE LA CITÉ
ÎLE ST LOUIS
Mabillon
Odéon
QUARTIER LATIN
Sèvres Babylone
St Sulpice
Cluny La Sorbonne
Maubert Mutualité
Vaneau
Rennes
Cardinal Lemoine
Jussieu
St Placide
N.-D. des Champs
Jardin du Luxembourg
Jardin des Tuileries
Jardin des Plantes
Place Monge
Montparnasse Bienvenue
Vavin
Edgar Quinet
Raspail
Gaîté
MONTPARNASSE
St Marcel
Seine
Maßstab 1:15.000
200 m
1
2
3
4
5
6
7
8

Infos

Jardin des Tuileries ❶

Der an den Louvre angrenzende Garten des 1871 abgebrannten Tuilerienschlosses wurde ab 1664 von André Le Nôtre im Auftrag Ludwigs XIV. gestaltet. Im Zuge des Projekts Grand Louvre wurde er mit 700 neuen Bäumen bepflanzt und wieder im Sinne der barocken Anlage gestaltet.

Musée de l'Orangerie: die ehemalige Orangerie, mit einer beeindruckenden Sammlung des Impressionismus bis ca. 1930: Cézanne, Renoir, Sisley, Picasso, Matisse, Rousseau, Modigliani, Utrillo und ›Les Grandes Nymphéas‹ von Claude Monet (Umbau bis 2004).

Jeu de Paume: im einstigen Ballspielhaus zeigen Wechselausstellungen zeitgenössische Kunst (Di. 12.00–21.30, Mi.–Fr. 12.00–19.00 Uhr, Sa./So. 10.00–19.00 Uhr).

Louvre ❷

Schon um 1190 entstand hier eine Königsburg, auch wenn die Herrscher weiterhin auf der Cité-Insel lebten. Im 14. Jh. wurde sie ausgebaut, aber erst Franz I. machte sie tatsächlich zum Wohnsitz. Er ließ den mittelalterlichen Bau abreißen (Überreste unter der Cour Carrée) und ein Renaissanceschloss errichten. Bis zu Kaiser Napoleon III. befand sich der Palast fast ständig im Ausbau. Unter Präsident François Mitterrand kam die anfänglich äußerst umstrittene Glaspyramide (1989, heute Haupteingang) des sino-amerikanischen Architekten Ieoh Ming Pei hinzu sowie das Untergeschoss Le Carrousel mit umgekehrter Pyramide und Einkaufsgalerie. Den Grundstock für die Nutzung des Louvre als Museum legte Franz I. im 16. Jh. Er ließ aus Italien antike und andere Kunstschätze (wie die weltberühmte ›Mona Lisa‹ Leonardo da Vincis; 1503–1505) herbeischaffen. Schon 1793, auf dem Höhepunkt der Franz. Revolution, wurden Teile des Louvre zum öffentlichen Museum erklärt. Durch die Eroberungen Napoleon Bonapartes kamen kostbare Werke hinzu. Seit 1993 ist der gesamte Palast Museum, die Ausstellungsfläche hat sich mit 62 000 qm nahezu verdoppelt.

Musée du Louvre: Das größte Museum der Welt umfasst die drei Flügel ›Richelieu‹, ›Denon‹ und ›Sully‹. Es widmet sich in sieben Abteilungen der Kunst und Kultur bis zur Mitte des 19. Jhs.: orientalische und ägyptische Altertümer, griechische, römische, etruskische Sammlung; Skulpturen, Gemälde und Kunsthandwerk. Dazu die Ausgrabungen des historischen Louvre (tgl. außer Di. 9.00–18.00 Uhr, Mo. [teilweise] und Mi. bis 21.45 Uhr). Im Richelieu-Flügel (Eingang Rue de Rivoli) befinden sich außerdem das **Musée des Arts Décoratifs** mit Möbeln und Kunstgewerbe (Di.–Fr. 11.00–18.00, Mi. bis 21.00, Sa./So. 10.00–18.00 Uhr) und das **Musée de la Mode et du Textile** mit Mode vom 17. Jh. bis in die Gegenwart (Di.–Fr. 11.00–18.00, Mi. bis 21.00, Sa./So. 10.00–18.00 Uhr).

Pont Neuf ❸

Die ›Neue Brücke‹ ist die älteste noch erhaltene Brücke von Paris und die erste ohne die im Mittelalter übliche Bebauung. Sie wurde 1578–1607 im Auftrag Heinrichs IV. gebaut. Er ließ auch die angrenzende dreieckige **Place Dauphine** anlegen. Der Park an der Spitze der Cité-Insel trägt – in Anlehnung an eine Leidenschaft des Königs – den Namen **Square du Vert-Galant** (Schürzenjägerplatz).

Conciergerie / Palais de Justice ❹

Der in sich verwobene Komplex ist aus dem Palast der fränkischen Kapetingerkönige entstanden, die hier seit dem 6. Jh. residierten. Die ältesten erhaltenen Teile stammen aus dem 13. Jh. Als Karl V. im 14. Jh. den Königssitz in den Louvre verlegte, überließ er das alte Schloss der Obhut eines Verwalters, eines Concierge. Der Palast blieb Sitz des Parlaments, damals der höchste Gerichtshof. Ab 1400 wurden die unteren Räume als Gefängnis genutzt, und während der jakobinischen Schreckensherrschaft (1793/94) waren hier Tausende eingekerkert. Zu besichtigen sind die große gotische Salle des Gens d'Arme (Saal der Waffenträger), die königliche Küche und die Gefängniszellen (Sommer tgl. 9.30–18.30, Winter 10.00–17.00 Uhr).

Palais de Justice: Die Revolutionstribunale tagten im angrenzenden Justizpalast (aus dem Gerichtshof hervorgegangen, jetzige Bauten aus dem 18./19. Jh.). Noch heute befinden sich hier mehrere französische Gerichte. Imposante Gerichtssäle (Mo.–Fr. 9.00–18.00 Uhr, Eingang Blvd. du Palais; Taschenkontrolle).

Sainte-Chapelle ❺

Die gotische Kirche auf der Cité-Insel ließ Ludwig IX., der Heilige, als Aufbewahrungsort für die Reliquie der ›Dornenkrone Christi‹ (heute in Notre-Dame verwahrt) ab 1240 im Palasthof errichten. Heute wird sie vom Justizpalast umschlossen. Der untere Bereich für das Schlosspersonal ist in Blau und Gold gehalten, die Fenster in der fast mystisch leuchtenden Oberkapelle zählen zu den schönsten des Landes (tgl. 9.30–18.30, Okt. bis März 10.00–17.00 Uhr, Eingang wie beim Justizpalast).

Notre-Dame ❻

Die auf der Île de la Cité stehende Kathedrale ist ein Meisterwerk der Gotik, 1163–1345 im Auftrag des Bischofs Maurice de Sully erbaut. Großartig die Hauptfassade (1200–1220) mit drei Portalen und Fensterrose. Im Kirchenschiff (130 m lang, 35 m hoch, 48 m breit) erinnern die gedrungenen Rundpfeiler an romanische Bauten. Die großartige Akustik wird bei Orgelkonzerten deutlich (So. 17.30 Uhr). Von den urspr. Glasfenstern blieben West- und Nordrose erhalten. Die Chorschranken (14. Jh.) zeigen Szenen aus dem Neuen Testament (Mo.–Fr. 8.00–18.45, Sa./So. 8.00–19.45 Uhr), die Sakristei den Kirchenschatz (Mo.–Sa. 9.30–11.30, 13.00 bis 17.30 Uhr). An den Freitagen der Fastenzeit wird die ›Dornenkrone Christi‹ gezeigt. Einen fantastischen Blick bietet eine Turmbesteigung (Mo.–Do. 9.30–19.30, Fr.–So. 9.30–22.30, im Winter 10.00–17.45 Uhr).

Crypte archéologique: Die 118 m lange Ausgrabungsstelle (seit 1965) auf dem Vorplatz hat u. a. Kaimauern des gallorömischen Hafens (1. Jh.) freigelegt (Di.–So. 10.00–18.00 Uhr). Auf der Ostspitze der Cité das **Mémorial de la Déportation** für 200 000 von Nationalsozialisten verschleppte und ermordete Franzosen. Auf der Place Louis-Lépine Di. bis Do. 8.00–19.30 Uhr Blumen-, So. 9.00 bis 19.00 Uhr Vogelmarkt.

Hôtel de Ville ❼

Seit 1357 befindet sich hier die Stadtverwaltung. Der heutige Sitz des Bürgermeisters wurde 1873 errichtet, nachdem das alte Rathaus von sozialistischen Kommunarden, die dort während der ›Commune‹ (1871) ihr Hauptquartier hatten, abgebrannt worden war. Wiederaufbau nach alten Plänen; die 136 Statuen von Pariser Persönlichkeiten schuf man neu. Im Innern u. a. Gemälde von Puvis de Chavannes und Lépine (Besichtigung am 1. Mo. im Monat nach Voranm. Tel. 0142765049).

Île Saint-Louis ❽

Die kleine Insel entstand 1614 durch den Zusammenschluss zweier Inselchen. Das neue Viertel für die Oberschicht führt in die vornehme Welt des 17. Jhs. und zählt noch heute zu den teuersten Gegenden der Seinemetropole. An vielen der nach außen schlichten Häusern weisen Tafeln auf berühmte Bewohner hin. Am Quai de Bourbon Nr. 19 lebte die Bildhauerin Camille Claudel, im **Hôtel Lauzun**, Quai d'Anjou Nr. 177, der den Symbolismus begründende Dichter Charles Baudelaire.

Maßstab 1:15.000 (0 – 200 – 400 – 600 – 800 m)

Oooooooh, Champs-Élysées!

Flanieren auf den Champs-Élysées, das Neueste von Dior, Chanel und Armani, vielleicht einen Aperitif im ›Ritz‹, bevor man sich in der Comédie Française gepflegt langweilt – das ist der Charme des rechten Ufers.

Doch es geht auch weniger gesetzt: Warhol und Beuys im Centre Georges Pompidou, stundenlanges Stöbern in den Boutiquen des Forum des Halles, Fast-Food, Jazz, Techno, Abtanzen im ›Les Bains‹ – wenn man an den Türstehern vorbei kommt.

Abschluss und Höhepunkt eines Prachtboulevards: Die Champs-Élysées führen auf die Place Charles-de-Gaulle, auf der der machtvolle Arc de Triomphe steht.

▼ Kundin in den Magasins du Printemps

▲ Radsport auf den Champs-Élysées ▼ Glaskuppel im Lafayette ▼ Feinkostadresse: ›Fauchon‹ ▼ Jugendstilkuppel im Kaufhaus Printemps

▲ Schönheit kaufen bei ›Dior‹ ▼ Straßencafé auf den Champs-Élysées

On a gagné! Wir haben gewonnen!‹ Selten haben die Champs-Élysées ihren Namen mehr zu Recht getragen als im Juli 1998. Eine Million Menschen bejubeln den WM-Sieg der französischen Fußball-Nationalmannschaft. Die achtspurige Straße ist in Blau getaucht. Seit 1944, als General de Gaulle in das von den Nazis befreite Paris einzog, haben die Champs-Élysées eine solche Menschenmenge nicht mehr gesehen. Und dabei sind sie große Auftritte gewöhnt, alle lassen sich hier open-air feiern: die Radler der Tour de France, Stars wie Johnny Halliday und das Militär am Nationalfeiertag.

In den letzten zehn Jahren erlebten Les Champs eine Renaissance. Den Gefilden der Seligen gelang es, ihren durch Fast-Food & Co. angeknacksten Ruf wieder aufzupolieren – mit Hilfe einer städtischen Finanzspritze von über 40 Millionen Euro, die den Trottoirs neue Eleganz bescherte. Und so kann man nun an Bushaltestellen stehen, die kein Geringerer als Sir Norman Foster, der Architekt des neuen Berliner Reichstags, entworfen hat. Folgerichtig sind die Mieten seit 1999 um rund 25 Prozent gestiegen, und man betritt hier das (nach New Yorks 57. Straße) teuerste Einkaufspflaster der Welt: Fast 7000 Euro pro Quadratmeter im Jahr.

Der letzte Schrei, etwas heiser

Aber dass die Pariser nicht geizen, wenn's ums Ambiente geht, ist bekannt. Und hier, an der Rive Droite, schon gar nicht. Das rechte Seineufer ist traditionell die Domäne der Reichen und Schönen, der Bankiers und Börsenmakler, der Modezaren und Juweliere und der großen Kaufhäuser. In den Schaufenstern des Triangle d'Or, des goldenen Dreiecks zwischen Champs-Élysées und den Avenues Montaigne und George V, stellen Designer wie Lacroix, Dior oder Ferré ihre Kreationen aus – meist so unbezahlbar wie untragbar. Weniger etabliert ist die Mode, die um das Forum des Halles herum oder im Marais verkauft wird.

Der Dernier Cri wird auf den Haute-Couture-Schauen im Januar und Juli und den Prêt-à-porter-Schauen im März und Oktober vorgestellt. In den Sälen unterm Louvre geht's dann um die neuen Kollek-

▲ *In der Passage Verdeau* ▼ *Entspannt vor Jouffroy, ...* ▲ *... andächtig vor Vuitton* ▲ *Am Boulevard Montmartre*

▲ *Große Düfte: Chanel, Rue Cambon*

▲ *Ça c'est American Style!*

▼ *Zeichnende Studenten in den Galerien Vivienne et Colbert*

tionen und den letzten Branchenklatsch – Mme Chirac trägt Ami-Pullis! Quel scandale! Tatsächlich: Die Pariser Modehäuser leiden unter dem Vormarsch der US-Designer. Häuser wie Vuitton und Celine haben sich Kreative aus Amerika geholt. In New York werden Umsätze gemacht, die die Franzosen vor Neid erblassen lassen. Und seit Paris im Reigen der Modeschauen hinter New York, London und Mailand erst als vierte Stadt Hof halten kann, ist man empfindlich geworden.

SPECIAL

Pariser Passagen

Typisch Rive Droite: Seite an Seite stehen hier die eindrucksvollsten Profanbauten und wetteifern darum, wer der Vornehmste sei. Die meisten entstanden im 19. Jahrhundert, als das Bürgertum sich in seiner neuen Macht sonnte, sich amüsieren wollte, Geld verdienen und Geld ausgeben. Eine prachtvolle Oper musste her, eine gewaltige Börse, Bankpaläste, elegante Kaufhäuser wie das Printemps und die Galeries Lafayette.

Schönstes Zeugnis jener Tage sind die alten Passagen, die Vorläufer der Shoppingcenter, versteckt liegende Inseln inmitten des Autoverkehrs. Knapp 20 von ihnen (alle am rechten Ufer) haben überdauert, und inzwischen sind einige wieder auf Hochglanz poliert. Leider ist eine Restaurierung meist höchst kompliziert. Die greisen Passagen gehören nämlich den Anrainern, manchmal mehr als 50 Besitzern. Und diese alle an einen Tisch zu bekommen, um teure Instandhaltungen zu beschließen, das ist nahezu unmöglich.

Über dem Pont de l'Alma

Die Spitze des ›goldenen Dreiecks‹ weist auf den Pont de l'Alma. Und hier befindet sich eine der jüngsten und makabersten Attraktionen der Rive Droite: ein vierspuriger Autotunnel. Direkt darüber trifft sich täglich eine multinationale Kultgemeinde im Gedenken an eine Prinzessin, die dort am 31. August 1997 starb. Graffitti-Sprüher haben die Place de l'Alma in Place Lady Diana umbenannt. Die vergoldete Flamme in der Nähe, die eigentlich an die Freiheitsstatue in New York erinnern soll, ist zum Denkmal für Lady Di geworden.

▲ Siegessäule mit Napoleon an der Place Vendôme

▼ Place Vendôme: Hotel Ritz

▼ Restaurant ›Grand Vefour‹ im Palais Royal

▼ Métroeingang am Palais Royal

▲ Die Place de la Concorde mit dem Obelisk von Luxor

▼ Grand Palais und Petit Palais

▼ Geist und Geld: Bibliothèque Nationale und …

▼ … Bourse de Commerce

Und immer wieder kommen lebensmüde Autofahrer auf die Idee – ungeniert vom Hupen nachfolgender Autos – mitten im Tunnel auszusteigen, um am dreizehnten Pfeiler Blumen niederzulegen.

Baron Haussmanns Werk

›Le vieux Paris n'est plus.‹ Schon Baudelaire beklagte, dass nichts so bleibt, wie es war. Sein Paris des 19. Jahrhunderts erfährt einen Umbau, wie ihn sonst nur Kriege verursachen. Der Initiator der Aktion ist ein Baron, Georges Eugène Haussmann, sein Auftraggeber heißt Napoleon III., der sich gerade an die Macht geputscht hat. Und nun dringt ihm nicht nur der Gestank der Stadt in die Nase, er muss im Gewirr der Gassen auch mit Aufständischen rechnen. Da kommt ihm die Skrupellosigkeit – oder Weitsichtigkeit – des adligen Stadtplaners gerade recht. An die 25 000 Häuser lässt der Baron abreißen, riesige Breschen in das Gewimmel schlagen. Die neuen Straßen, breit und gradlinig, bieten Platz für Kavallerie statt Schlupfwinkel für Andersdenkende. 40 000 Häuser werden errichtet, Brücken, Plätze, Bahnhöfe. Die Stadt gehört dem Bürgertum, die Unterschichten werden an den Rand gedrängt – das war also früher auch schon so.

Doch eines war damals anders als heute: Man achtete auf Proportionen, verfolgte ein stilistisches Gesamtkonzept: weite Perspektiven, eindrucksvolle points de vue, ein ausgewogenes Verhältnis zwischen Straßenbreite und -höhe, einheitliche Fassaden. Auch wenn sich die Staatsmänner des 20. Jahrhunderts redlich bemüht haben, der Stadt ihren Stempel aufzudrücken – Paris, so wie wir es heute kennen, trägt Haussmanns Handschrift.

Weder Bauch noch Seele

Auch Pompidou ließ aufräumen: Das 800 Jahre alte Marktviertel im Stadtzentrum – Zolas geliebter ›Bauch von Paris‹ – wurde in den 1970er-Jahren komplett umgewandelt. Die Hallen mit ihrem Lärm und Gestank, mit dem Hin und Her von Lastwagen, mit der Halbwelt aus Nachtschwärmern und Prostituierten, die die Bistros bevölkerten, passten nicht mehr ins Bild. So zog der Großmarkt 1969 in den Vorort Rungis. Auf beziehungsweise unter den

▲ *Die nach ihrem Erbauer, Charles Garnier, benannte Oper zeigt ...*

▲ *... auch innen die neue Macht des Bürgertums*

▼ *Café in der Comédie Française*

▼ *Musée Grevin mit bekannten Wachsfiguren*

▲ Gogols ›Revisor‹ an der Comédie Française ▼ Das Café de la Paix setzt Maßstäbe für Luxus

freigewordenen 35 Hektar Fläche entstanden der größte unterirdische Bahnhof Europas, das riesige Einkaufs- und Freizeitzentrum Forum des Halles und das Centre Pompidou. Seitdem fehlt dem Viertel nicht nur der ›Bauch‹, sondern auch die Seele. Immer weniger Menschen leben hier, immer mehr alteingesessene Läden schließen. Es ist nahezu unmöglich, einen Liter Milch zu kaufen. Dagegen findet man Fast-Food-Läden, Boutiquen und Bars an jeder Ecke.

Das Forum des Halles versucht, mit Museen, Theatern und Kinos zu einem kulturellen Zentrum zu werden. Auch die Videothek, in der man alles sehen kann, was jemals über Paris gefilmt wurde (6500 Filme!), soll dazu beitragen. Seit neuestem heißt sie Forum des Images und ist noch größer und attraktiver. Dennoch: Das Forum des Halles ist eher ein Mekka des Kapitals als der Kultur. Nirgendwo in Frankreich wird pro Quadratmeter mehr Umsatz gemacht als hier.

SPECIAL

Die Jazz-Kapitale

In die Rue des Lombards pilgern allabendlich die Jazzfans, die mit dem ›Duc des Lombards‹, dem ›Sunset‹ und dem ›Baiser Salé‹ gleich drei Clubs zur Auswahl haben. Vor allem der ›Duc‹ kann sich rühmen, Paris zur Jazz-Hochburg gemacht zu haben. 1998 bekam sein ›Macher‹ Didier Nouyrigat dafür den ›Goldenen Django‹ verliehen. Wer's weniger gesetzt will: Jazz, Blues, Rock, Techno gibt's auch ein paar Schritte weiter im ›Slow Club‹ in der Rue de Rivoli. Und die Krönung des Abends liefert die Prominentendisco ›Les Bains‹ – sofern man reingelassen wird.

Theaterwelten

Neben all den Boites, den Bars und Clubs rund um Châtelet-Les Halles bietet die Rive Droite natürlich auch Haute Culture: An der Place du Châtelet werden im Théâtre de la Ville (ehemals Sarah Bernhard) und im Théâtre du Châtelet Opern, Konzerte und Ballett gegeben. Nur ein paar Schritte weiter liegen die ehrwürdige Comédie Française, die ebenfalls betagte, doch frisch renovierte Opéra Garnier und die Opéra Comique. Weiter im Westen

▲ *Das Centre Pompidou von der Tour Montparnasse aus gesehen*

▼ *Installation ›America America‹ von M. Raysse*

▼ *Straßenkünstler*

▲ *Besucher vor J. Basquiats ›Slave action‹*

▼ *Forum des Halles: einst der ›Bauch von Paris‹*

▲ *In der ›Röhre‹ des Centre Pompidou*

▼ *Kirche des Hallenviertels: St-Eustache*

findet man das Théâtre des Champs-Élysées und das stark subventionierte Théâtre National de Chaillot.

Diese alten Damen der Theaterszene haben durch etliche Schaustätten mit jüngerem Image Konkurrenz bekommen, so durch die Bouffe du Nord von Peter Brooks oder das Théâtre de Paris. Aber mit einem musste man sich an der Rive Droite leider abfinden: Der größte und auch teuerste Stern der Pariser Kulturszene, die Opéra Bastille, bekam seinen Platz auf dem linken Seineufer.

Das ›neue‹ Centre Pompidou

Das Viertel Beaubourg ist wie kaum ein anderes von Touristen bevölkert. Alle wollen das Centre Pompidou besuchen, das hier seit 1977 als riesige Kulturfabrik die Gegend überragt. Der Röhrenbau ist die meistbesuchte Attraktion von Paris. Als er Ende der 1990er für einige Jahre wegen Renovierungs- und Umbaumaßnahmen geschlossen war, wurde es merklich ruhiger im Viertel. ›Ich habe in der Zeit ganze dreißig Prozent weniger Umsatz gemacht‹, sagt der Betreiber des Zeitungskiosks beim Café Beaubourg zurückblickend auf diese Zeit.

Seit Anfang 2000 ist das Kulturzentrum wieder offen. Die viel diskutierten Neuerungen des Stararchitekten Renzo Piano – der auch den Potsdamer Platz in Berlin gestaltete – offenbaren sich allerdings erst auf den zweiten Blick: Die Verwaltungsräume wurden ausgelagert, das Musée National d'Art Moderne fast um ein Drittel vergrößert und umstrukturiert. Die fünfte Etage enthält die Werke von 1905 bis 1960, schlicht ›Moderne‹ genannt, das vierte Obergeschoss als ›Gegenwart‹ alles Spätere. Aktivitäten für Kinder und Erwachsene wurden ausgeweitet und eine Bibliothèque Publique d'Information mit Büchern, Zeitschriften, Lernsoftware und Internetzugang eingerichtet. In der vierten Etage kann man in den Sesseln des Salon du Musée entspannen und im obersten Stockwerk unter freiem Himmel Kaffee trinken. Wer noch beim Dinner von Kunst umgeben sein will: ›Chez Georges‹, das Edelrestaurant der Gebrüder Costes im sechsten Stock des Centre Pompidou, hat bis ein Uhr in der Nacht geöffnet.

86
74
86
96
96
MARAIS
ÎLE DE LA CITÉ
ÎLE ST LOUIS
QUARTIER LATIN
ST GERMAIN DES PRÉS
CHAILLOT
TERNES
Seine
Gare du Nord
Gare de l'Est
Gare St Lazare
Jardin des Tuileries
Jardin du Luxembourg
Place de la Concorde
Hôtel des Invalides
École Militaire
Champs de Mars
Boulevard Haussmann
Boulevard St Germain
Boulevard Raspail
Avenue des Champs Elysées
Quai Branly
Maßstab 1:20.000
300 m

Infos

Centre Georges Pompidou 1

Das noch vom 1974 verstorbenen Staatspräsidenten initiierte Kunst- und Kulturzentrum (nach dem Viertel auch Centre Beaubourg genannt) wurde 1977 eröffnet. Den außergewöhnlichen Röhrenbau entwarf das Architektenteam Renzo Piano/Richard Rogers.

Musée National d'Art Moderne: Auf zwei Etagen Werke von 1905 bis zur Gegenwart, u. a. Werke von Matisse, Picasso, Braque, Miró, Kandinsky, Warhol, Morris, Haines, Ruff. Ferner: Kultureinrichtungen für Kinder und Erwachsene, Institut für zeitgenössische Musik, Bibliotheken, Kunstbuchhandlung, Restaurant und Café (tgl. 11.00–22.00, Kunstmuseum bis 21.00 Uhr).

Atelier Brancusi: Pianos Nachbau der Werkstatt des rumänischen Bildhauers (tgl. außer Di. 13.00–21.00 Uhr).

Die Piazza vor dem CP ist Treff von Gauklern und Jongleuren, südl. die Fontaine Stravinsky, ein surrealistischer Brunnen von Niki de St-Phalle und Jean Tinguely. Über den Einkaufs- und Freizeitkomplex des **Forum des Halles**, wo die Markthallen (›Bauch von Paris‹) standen, erreicht man die Pfarrkirche St-Eustache (bis 1640) und die **Bourse**, die Pariser Börse.

Palais Royal 2

Die Anlage nahe dem Louvre entstand aus dem Wohnsitz (ab 1639) des Kardinals Richelieu, die heutige Gestalt stammt im Wesentlichen aus dem 18. Jh. Nach dem Tod des Kardinals fiel der Besitz an Ludwig XIII.; sein Sohn Ludwig XIV., der spätere ›Sonnenkönig‹, verbrachte dort nach eigener Aussage seine glücklichsten Kinderjahre. Unter Philipp II. von Orléans wurde der Palast Schauplatz glanzvoll-dekadenter Feste und Orgien. Im 18. Jh. wurden die Arkaden angelegt, in denen sich Restaurants, liberale Cafés, Geschäfte und Spielbanken etablierten. Als man die Spielsalons 1836 schloss, wurde es ruhiger unter den Arkaden; später zogen Künstler ein, u. a. Jean Cocteau und Colette. Heute sitzen hier Staats- und Verfassungsrat. Aus der Glanzzeit des Palais Royal überdauerte allein das mondäne Restaurant ›Grand Véfour‹ (1782). Auf der Cour d'honneur (Ehrenhof) stehen seit 1986 Säulen von David Burren.

Théâtre Français: (1790 fertig gestellt, 1863 neu gestaltet), ist seit 1799 Spielstätte der Comédie Française. Das französische Nationaltheater entstand 1680 auf Veranlassung Ludwigs XIV. und geht auf Molières Troupe du Roi zurück. Bis heute werden vor allem französische Klassiker inszeniert, zu denen mittlerweile auch Sartre und Camus gehören.

Bibliothèque Nationale 3

Die Bibliothèque Nationale de France ist aus den königlichen Büchersammlungen hervorgegangen. Sie befindet sich seit 1720 im ehemaligen Hôtel des Kardinals Mazarin. Durch den Neubau auf dem anderen Seineufer verlor die alte Bibliothek ihren Hauptbestandteil und zeigt nun v. a. Handschriften, Karten u. a., aber allein ihre prunkvollen Säle und Galerien lohnen den Besuch (Mo.–Sa. 9.00–18.00 Uhr).

Einkaufspassagen: Die luxuriösen **Galerien Vivienne** (1823) und **Colbert** (1826), zwei von 20 erhaltenen Einkaufspassagen des 19. Jhs. In der Galerie Colbert, die der Nationalbibliothek gehört, speist man im traditionsreichen Restaurant ›Le Grand Colbert‹.

An der Rue Croix-des-Petits-Champs liegt die **Galerie Véro-Dodat**, benannt nach zwei reichen Metzgern, die sie 1822–1826 erbauen ließen. Der schwarz-weiße Mosaikfußboden und die von dunklem Holz eingefassten Läden lassen ihre einstige Eleganz erahnen.

Place Vendôme 4

Die Anlage des sehr harmonisch wirkenden achteckigen Platzes wurde unter Ludwig XIV. nach Plänen des ›Stararchitekten‹ Jules Hardouin-Mansart Ende des 17. Jhs. begonnen; um 1720 war die Bebauung vollendet. Napoleon ließ nach der Schlacht bei Austerlitz (1805) eine 44 m hohe, an die Trajanssäule in Rom erinnernde **Siegessäule** errichten, die aus 1200 erbeuteten russischen und österreichischen Kanonen gegossen wurde. Den Abschluss der Säule bildet die Caesarengestalt Napoleons. Am vornehmen Platz findet man bedeutende Juweliere und seit 1898 das Hotel ›Ritz‹; im Haus Nr. 12 starb 1849 der Komponist Frédéric Chopin.

Opéra Garnier 5

Charles Garnier schuf 1875 die im prunkvollen ›style Napoléon III‹ gestaltete Oper. Das rotgoldene Foyer und die mächtige Treppe boten dem Bürgertum große Auftritte. Die Saaldecke bemalte 1964 Marc Chagall (Besichtigung tgl. 10.00–17.00 Uhr, außer bei Matinées).

Neben der Oper das **Grand Hotel** mit dem Belle Époque-›Café de la Paix‹. An der Nordseite der Oper verläuft der Blvd. Haussmann mit den berühmten Jugendstilkaufhäusern **Galeries Lafayette** und **Magasins du Printemps**. Besonders sehenswert die Glaskuppel des Lafayette und das Restaurant ›Flo‹ im Printemps. Östlich anschließend der Blvd. Montmartre mit den prächtigen Passagen **Jouffroy** (1847) und **Verdeau** (1846; Cafés, Buchläden und Antiquariate).

Musée Grevin: An der Passage Jouffroy liegt auch das 1882 gegr., 2001 renovierte, nach Madame Toussaud's älteste Wachsfigurenkabinett der Welt (mehr als 2000 Exponate; tgl. 10.00–19.00 Uhr).

La Madeleine 6

Von Ludwig XV. 1763 in Auftrag gegeben, verfügte Napoleon 1806, aus der Kirche Ste-Marie-Madeleine eine antike‹ Ruhmeshalle zu Ehren der Armee zu machen. Als der Tempel fertig war, war die Grande Armée des Kaisers geschlagen, und Ludwig XVIII. bestimmte den Umbau zum Gotteshaus (tgl. 7.30–19.00; So./Fei. manchmal 13.30 bis 15.30 Uhr geschl). Um die Place de la Madeleine bekannte Delikatessenläden (u. a. ›Fauchon‹, ›Hédiard‹).

Ave. des Champs-Élysées 7

Die 1668 in der Verlängerung der Tuilerien angelegte, etwa 2 km lange Promenade hatte ihre große Zeit im 19. Jh., als Kauf- und Kaffeehäuser, Restaurants und Ballsäle entstanden. Das von Garnier entworfene **Théâtre Marigny** besteht seit 1883. Das Prominentenlokal ›Fouquet's‹ steht unter Denkmalschutz. Im Osten endet die Avenue an der 84 000 qm großen **Place de la Concorde**, wo seit 1836 der Obelisk von Luxor aufragt. Die barocken ›Pferde von Marly‹ (1745) sind nur als Kopie zu sehen (Originale im Louvre).

Zwischen Champs-Élysées und Seine liegen **Grand** und **Petit Palais**, zur Weltausstellung 1900 errichtet und heute u. a. für Kunstausstellungen genutzt. Südl. der Avenue das ›Goldene Dreieck‹ (Triangle d'Or) der Modemacher und Juweliere. In nördlicher Richtung die **Jardins des Champs-Élysées** (1858) mit dem **Palais de l'Élysée**, seit 1873 Residenz des Staatspräsidenten.

Arc de Triomphe 8

Die Champs-Élysées werden im Westen von der verkehrsumtosten Place Charles-de-Gaulle begrenzt, die um 1855 als Place de l'Étoile entstand. In der Mitte steht der von Napoleon nach der Schlacht von Austerlitz (1805) initiierte und 1836 fertiggestellte Triumphbogen. Vom 49,55 m hohen, 44,80 m breiten und 20,20 m tiefen Monument bietet sich eine großartige Aussicht auf die 12 Straßen des Sternplatzes (April–Sept. tgl. 9.30–23.00, Okt.–März tgl. 10.00–22.30 Uhr). Von hier oben wird auch die Achse deutlich, die von Napoleons kleinerem **Arc de Triomphe de Carrousel** (1808) vom Louvre bis zu Mitterrands Bogen (Grande Arche) in der Bürostadt La Défense führt.

Maßstab 1:20.000
0 200 400 600 800 1.000 m

BANQUE
NATIONALE
DE PARIS
AVRIL
VENDREDI
27
Café de Flore

Freier Geist und kluge Köpfe

Picasso, Matisse, Hemingway und Beckett, selbst Lenin – sie alle und viele mehr zog es auf den Montparnasse.

Doch das einstige Künstlerviertel hat sein Gesicht verändert, weitaus stärker als das angrenzende Saint-Germain. Dort, wo Sartre, Beauvoir und Camus die Cafés zu ihrer Schreibstube machten, liegt bis heute das geistige Zentrum der Stadt.

Auch der Touristenrummel im Quartier Latin gehört zur ›Rive Gauche‹, zum linken Ufer, wie auch der edle Faubourg Saint-Germain und die düstere Welt der Katakomben.

Die Preise, etwa für ein L'eau Minérale, sind nicht zum Lachen. Bedienstete im ›Le Flore‹, einer Café-Institution am linken Seineufer.

▲ Sur le pont … in diesem Fall der vom Louvrekomplex aufs linke Seineufer führende Pont des Arts

▲ Maler auf dem Pont des Arts, Motiv: ›La Seine‹

▲ Das einstige Bohèmecafé ›Les Deux Magots‹ am Boulevard St-Germain

▲ St-Germain-des-Prés im gleichnamigen Viertel

▼ Brasserie Lipp

▲ *Alltag in der Rue St-André-des-Arts, St-Germain-des-Prés*

▼ *Impression: das linke Ufer*

Höhlenmenschen! Existentialisten!‹ Der Boulevardpresse sind die schwarz gekleideten jungen Menschen, ›die am Eingang zu einem existentialistischen Keller deprimierende Gedanken austauschen‹, suspekt. Dem ›Samedi-Soir‹ zufolge spielt sich das Leben von St-Germain in Kneipen ab, in denen ›die Existentialisten, die offenbar auf die Atombombe warten, die ihnen lieb und teuer ist, trinken, tanzen, lieben und schlafen‹. Im Paris des Jahres 1947 lebt man noch in der Erinnerung an Krieg und deutsche Besatzung, an Résistance und Kollaboration. Die Lebensfreude, die in Cafés und Musikclubs pulsiert, ist mit Verzweiflung gemengt. Der Existentialismus bringt das Lebensgefühl einer ganzen Generation zum Ausdruck: ›Scheiß-Existenz, ich habe nichts mehr als diese Existenz‹, singt Juliette Gréco, und: ›Es gibt kein Danach in St-Germain-des-Prés, es gibt nur heute‹.

Gedanken am warmen Ofen

Die neue, faszinierende Philosophie ist kein akademischer Diskurs aus dem ›Elfenbeinturm‹. Während der Besatzungszeit, als das Brennmaterial knapp war, hatten sich Pariser Intellektuelle die Cafés auf dem Boulevard St-Germain zur Heimat gemacht. Im ›Café de Flore‹ und im ›Les Deux Magots‹, wo schon in den 1930er-Jahren Surrealisten ihren verrückten Gedanken freien Lauf ließen, wo Picasso, Hemingway und Aragon Stammgäste gewesen waren, hockte man um die Öfen, diskutierte, las, schrieb. Hier entstanden Bücher von Sartre und Beauvoir, Camus kam oft vorbei. Tagsüber arbeitete er als Lektor beim Verlag Gallimard, nachts für die Untergrundzeitung Combat.

Das Viertel der Intellektuellen

Im ›Flore‹ und im ›Deux-Magots‹ sitzen jetzt statt der Existentialisten die Touristen. Ebenso im ›Le Procope‹ in der Rue de l'Ancienne-Comédie, das seit 1686 existiert und wo schon Beaumarchais, Voltaire, Diderot und Rousseau aufklärerische Ideen ausbrüteten. Immerhin: Die ehrwürdige ›Brasserie Lipp‹ ist immer noch Promi-nententreffpunkt: Wer hier im ersten Saal des Erdgeschosses Platz bekommt (auf der rechten Seite!), gehört zu den ›Großen‹.

▲ Am Place de Panthéon liegt eine der vier Universitäten

▲ Universität Sorbonne

▲ Gemütlicher Treff in einem Café der Rue Mouffetard

▼ Jagdszenen im Quartier Latin

▼ Markt in der Rue Mouffetard

▼ Collège de France – eine bedeutende Forschungseinrichtung

St-Germain ist keine avantgardistische Hochburg mehr, eher ein gutbürgerliches Viertel mit Trendbars wie dem ›Alcazar‹ in der Rue Mazarin und Boutiquen von Sonia Rykiel und Yves Saint-Laurent. Die Modedesigner des rechten Ufers haben längst auch auf der Rive Gauche Fuß gefasst.

Doch das ›quartier intello‹ ist intakt – intakter jedenfalls als das benachbarte Quartier Latin, in dem es von griechischen Restaurants, Fast-Food-Buden und Touristenkneipen nur so wimmelt. In St-Germain gibt es kaum eine Straße ohne Buchhandlung, Antiquariat oder Galerie; die Adressen der ansässigen Buchverlage füllen im Branchenbuch eine ganze Seite. Und zur Sorbonne sind es wie zur Kunsthochschule und den Eliteschulen nur ein paar Schritte.

Wie man in Paris aufsteigt

Eigentlich ist es ganz einfach: Wer in Frankreich etwas werden will, der muss nach Paris. Und wer in Paris etwas bestimmen will, der muss aufs linke Ufer. Und zwar zunächst auf eine der begehrten Elitehochschulen, die ENS in der Rue d'Ulm – hier lehrten Celan und Beckett, Sartre war Schüler – oder die ENA in der Rue des Saints-Pères.

Universitäten spielen in Frankreich nur die zweite Geige. Selbst die alte Pariser Sorbonne ist längst kein Garant für den Aufstieg. Dafür beherbergte sie stets viel zu eigenwillige Charaktere. Selbst das Lästermaul François Villon bekam hier im 15. Jahrhundert einen Studienplatz. Die kämpferische Simone de Beauvoir verließ die Uni übrigens als Zweitbeste ihres Jahrgangs, übertroffen nur von Jean-Paul Sartre. Aufregende Tage erlebte die Sorbonne im Mai 1968, als Teach-ins für eine Politisierung der Universität und gegen den Vietnamkrieg von den Behörden mit einer Stürmung der Hörsäle beantwortet wurden. Straßenschlachten, Streiks und brennende Barrikaden erschütterten damals nicht nur das Quartier Latin, sondern die ganze Republik unter de Gaulle.

Die Wächter der Sprache

Keine Frage. Natürlich haben auch die obersten Wächter des Französischen ihren Sitz auf dem linken Ufer. Und zwar im Institut de France, genauer gesagt in der

▲ Das Palais Bourbon von 1728 ist Sitz des französischen Parlaments

▲ Teegarten hinter dem 1896 erbauten Lichtspielhaus ›La Pagode‹

▲ Das Parlament tagt

▼ Jardin du Luxembourg

▲ Um 1900 als Bahnhof mit Luxushotel errichtet, seit 1986 als Musée d'Orsay ...

▲ ... der Kunst von 1848 bis 1914 verschrieben ▼ Im Jardin du Luxembourg

Académie Française. Nur jeweils vierzig ›Unsterbliche‹ können sich rühmen dazuzugehören, neue Kandidaten müssen auf den Tod eines Mitglieds warten. Selbst Victor Hugo nahm vier Anläufe, bis er 1841 endlich die Stimmenmehrheit erhielt. 1980 wurde mit Marguerite Yourcenar erstmals eine Frau aufgenommen. Seit 1635 wacht die Akademie über die Reinheit der französischen Sprache, nicht immer mit Erfolg. Schließlich spielen auch Franzosen am ›weekend‹ ab und zu eine Partie ›handball‹. Dennoch: Die Landessprache wird energisch gegen ›feindliche‹ Einflüsse verteidigt. Das fängt beim Computer an, der ein ›ordinateur‹ ist, und endet bei der Flugsicherheit – nach Regierungsprotest verzichtete Air France darauf, Englisch zur Verkehrssprache auf dem Flughafen Charles de Gaulle zu machen.

Auch die Académie des Beaux-Arts gehört zum Institut de France. Und auch die Akademie der Schönen Künste konnte sich nun endlich dazu durchringen, eine Frau als Mitglied aufzunehmen: Im November 2000 übernahm die Schauspielerin Jeanne Moreau einen Sitz in der Abteilung Film/Audiovisuelle Kunst.

Fein: Faubourg St-Germain

Wer erwartet schon in einem Vorort (faubourg) pulsierendes Leben? Wir sind zwar inmitten von Paris, haben aber eindeutig die Szenerie gewechselt. Statt Literaten Diplomaten, statt Antiquariaten nun Delikatessenläden wie ›Foucher‹ und ›Hédiard‹. Im 7. Arrondissement wird regiert und repräsentiert. Hier wohnen die ältesten Adelsfamilien Frankreichs hinter unzugänglichen Mauern, hier tagt die Nationalversammlung im Palais Bourbon und hier haben zahlreiche Ministerien und diplomatische Vertretungen ihren Sitz. Ehemalige Adelspaläste, so genannte Hôtels, die ab 1700 im damals noch ländlichen Westen entstanden, bieten den angemessenen Rahmen.

Auch das Musée Rodin befindet sich in einem dieser alten Hôtels. Und so kann man hier nicht nur die Skulpturen von Rodin (und die seiner Schülerin und Geliebten Camille Claudel) kennen lernen, sondern erhält auch einen Einblick in die adlige Wohnkultur vergangener Tage.

▲ *Paris kann schwindelig machen, nicht nur am Eiffelturm*

▲ *Gustave Eiffel (1832–1923) mit Hauptwerk*

▼ *Hôtel Biron mit Musée Rodin*

▲ *Pont Alexandre III, Invalidendom ...* ▼ *... und Napoleons Sarkophag*

▼ *Museumsgarten*

SPECIAL

Große Liebe: Kino

Paris, die Stadt der Liebe? Vielleicht, aber wohl nicht am Abend. Da sitzen die Pariser nämlich im Kino. Rund 350 Lichtspielsäle gibt es, und dennoch muss man sich aufs Schlange stehen einrichten, Vorbestellung ist häufig nicht möglich. Die Leidenschaft hat Tradition: Es war in Paris, im Keller eines Cafés am Boulevard des Capucines, wo sich das erste Kinopublikum der Welt traf. 1895 brachten die Brüder Lumière dort mit ihrem Cinematographen die Bilder zum Laufen.

Heute gibt es in Paris zahlreiche große Kinocenter (vor allem an den Champs-Élysées und Blvd. Montparnasse), aber zum Glück auch noch Individualisten wie das ›Studio 28‹. Das Programmkino am Montmartre ist das älteste Filmtheater der Stadt. Ein Fossil ist auch das ›Grand Rex‹, es öffnete 1932 die Tore zu einem Prachtsaal mit 4000 Plätzen; heute sind es immerhin noch 2800. Modernstes dreidimensionales Kino bieten die ›Géode‹ in La Villette und der ›Dome Imax‹ in La Défense.

›Mekka‹ für Filmfreaks ist die Cinémathèque (in Bercy). Das einzigartige, von Henry Langlois 1936 initiierte Filmarchiv hat die Entwicklung des europäischen Films mitgeprägt. Hier ließen sich Chabrol, Godard, Rohmer, Truffaut und Wim Wenders inspirieren. Henry Langlois liegt auf dem Cimetière de Montparnasse begraben, sein Gedenkstein ist aus Kinoszenen zusammengesetzt. Aber auch wer der Literatur des 20. Jahrhunderts Reminiszenz erweisen will, sollte einen Bummel über den schlichten Friedhof machen. Er kann dort Baudelaire, Beckett, Sartre und Simone de Beauvoir einen Besuch abstatten.

Die populäre Kultur kommt dagegen im verschlafenen 7. Arrondissement entschieden zu kurz. Ein Blick auf den Veranstaltungskalender zeigt es: Es ist der einzige Bezirk dieser filmverrückten Stadt, der nur ein Kino aufweisen kann, das bis 2001 restaurierte ›Cinema à la Pagode‹: Das unter Denkmalschutz gestellte Filmtheater wurde 1931 in einem japanischen Tempel eingerichtet, den ein Direktor des Kaufhauses ›Bon Marché‹ 1896 für seine Frau hatte erbauen lassen.

▲ Ricardo Bofills ▼ Fondation Cartier pour l'Art Contemporain

▲ Die Tour Montparnasse, errichtet 1972, überragt die einstige Künstlerkolonie zu ihren Füßen ▼ ... von der Tour Montparnasse aus gesehen

▲ Boulevard Montparnasse: ›Le Select‹, ... ▲ ... ›Le Dôme‹ und ... ▼ ... ›La Coupole‹

Auf dem Berg der Musen

Der Aufstieg des Parnassos, des Berges der Musen, zum Künstlerviertel begann mit dem 20. Jahrhundert. Weil hier die Ateliers noch günstig waren, zog es junge Maler auf den Montparnasse: Chagall, Léger, Modigliani, die ›Wilden‹ (fauves) um Henri Matisse. Im Café ›Closérie des Lilas‹ am Boulevard Montparnasse Nr. 171 traf man auf Apollinaire, Braque und Picasso. Bald zog das Viertel Künstler aus der ganzen Welt an. ›Der Weltkrieg von 1914 entstand durch die schwärmerische Sehnsucht der Deutschen nach dem Montparnasse‹, spottete einst Giraudaux: ›Anstatt allmählich dorthin zu kommen oder per Eisenbahn, wollten sie den Montparnasse gleich alle zusammen und zu Fuß erreichen.‹

Auch durch den Krieg war das Leben dort nicht totzukriegen. In den 1920er-Jahren, als in den USA die Prohibition regierte, kam die trinkfeste ›verlorene Generation‹ – Hemingway, Henry Miller, Ezra Pound, Thomas Wolfe und Gertrude Stein. Ihre ausschweifenden Nächte spielten sich auf wenigen Metern des Boulevard Montparnasse ab: Im ›Select‹ (Nr. 99), ›La Coupole‹ (Nr. 102), ›La Rotonde‹ (Nr. 105) und im ›Le Dôme‹ (Nr. 108). Übrigens zieht es amerikanische Weltenbummler auch heute noch in diese Ecke von Paris. Zumindest ins ›Cubana Café‹, wo man gerne bei Mojito und Havanna-Zigarre in seinem Hemingway blättert.

Der neue Montparnasse

Die berühmten alten Cafés gibt es immer noch (in der ›Closérie des Lilas‹ verfasste Hemmingway einen Großteil seines ersten Romans ›Fiesta‹ und Beckett war 60 Jahre lang Stammgast), allerdings wird man hier kaum noch auf junge Genies treffen. Dafür ist die Speisekarte eindeutig zu exklusiv und das Publikum zu etabliert. Nostalgiker sollten einen Bogen um den Montparnasse schlagen. Das Gesicht des Viertels hat sich seit den 1960er-Jahren völlig geändert. Zuerst wurde der Bahnhof abgerissen, dann entstanden eine gewaltige Geschäfts- und Wohnanlage einschließlich neuem Bahnhof und dem Giganten Tour Maine-Montparnasse, gefolgt von ebenfalls überdimensionalen Kinocentern.

▲ Menagerie im Jardin des Plantes, dem Botanischen Garten

▲ Moschee am Jardin des Plantes

▲ Friedhof Montparnasse: Grab des Regisseurs Henri Langlois

▲ Das Panthéon

▼ Gigantisches Beinhaus: die Katakomben unter der Stadt

▲ Bibliothek des Institut du Monde Arabe und … ▼ … Büchermarkt im Parc Brassens

Doch für architektonisch Interessierte lohnt sich ein Besuch des Quartiers. Wem der Weg in die Villes Nouvelles zu weit ist, der kann an der Place de Catalogne die postmoderne Wohnanlage des Spaniers Bofill kennen lernen. Am Boulevard Raspail Nr. 261 steht seit 1994 das Glashaus der Fondation Cartier pour l'Art Contemporain, das Jean Nouvel entwarf. Und der elegante Jardin Atlantique, eine Promenier- und Sportanlage über den Gleisen des Bahnhofs, ist ein Beispiel zeitgenössischer Gartenarchitektur.

Im Totenreich: les catacombes

Zartbesaitete, Menschen mit Platzangst oder Asthma sollten draußen bleiben. Wie wäre es stattdessen mit einem Bummel durch die nahe Marktstraße Rue Daguerre? Allen anderen steht an der Place Denfert-Rocherau ein makabres Abenteuer bevor – der ›Besuch‹ bei sechs Millionen Toten, nach Knochen und Schädeln sortiert, gestapelt und zu Ornamenten gelegt. Hier in den Katakomben, in dem alten Steinbruch unter dem Montparnasse, hat man im 18. Jahrhundert die Gebeine aus den überfüllten Friedhöfen der Stadt untergebracht. Auch die Überreste von Revolutionären und Opfern des Terreur von 1793/1794 (Danton, Robespierre) liegen hier – wie fast alle anonym.

Die Pariser Unterwelt, ein insgesamt 330 Kilometer langes Labyrinth, fasziniert nicht erst seit Gruftiezeiten. Rund ein Drittel des Stadtgebietes ist von jahrhundertealten Steinbrüchen und Stollen unterhöhlt, die vom 11. bis 19. Jh. nahezu das gesamte Baumaterial für den wachsenden Bedarf der Seinemetropole lieferten. Im Jahre 1944 nutzte die Resistance die Unkontrollierbarkeit der Gänge und installierte hier ihr Hauptquartier. 1897 fand unter Tage die erste Schwarze Messe statt, und heute spielen sich im Verborgenen mehrmals pro Woche die Feten der Cataphiles ab. Zum Kitzel der verbotenen Treffen gehört auch, der Polizei jedesmal ein Schnippchen zu schlagen. Offiziellen Besuchern reicht meist die einstündige Katakombenführung, der man sich an der Place Denfert-Rochereau anschließen kann. Warme Pullover und Taschenlampe nicht vergessen.

86
74
44
86
30
44
96
96
MARAIS
ÎLE DE LA CITÉ
ÎLE ST LOUIS
QUARTIER LATIN
ST GERMAIN DES PRÉS
MONTPARNASSE
CHAILLOT
GRENELLE
Seine
Jardin des Tuileries
Jardin du Luxembourg
Jardin des Plantes
Cimetière du Montparnasse
Hôtel des Invalides
École Militaire
Champs de Mars
Place de la Concorde
Place de la République
Observatoire
Quai d'Orsay
Boulevard St Germain
Boulevard Raspail
Boulevard du Montparnasse
Boulevard St Michel
Avenue Bosquet
Avenue de Suffren
Avenue de la Motte Picquet
Rue de Vaugirard
Rue de Rennes
Rue de Sèvres
Rue Monge
Rue de Rivoli
Gare d'Austerlitz
Champs Elysées Clemenceau
Franklin D. Roosevelt
Invalides
Tuileries
Concorde
Châtelet
Hôtel de Ville
St Michel
Odéon
Cluny La Sorbonne
Maubert Mutualité
Cardinal Lemoine
Jussieu
Place Monge
Censier Daubenton
Les Gobelins
St Marcel
Campo Formio
Denfert Rochereau
St Jacques
Raspail
Vavin
Edgar Quinet
Gaîté
Pernety
Montparnasse Bienvenüe
Falguière
Pasteur
Volontaires
Vaugirard
Convention
Duroc
Vaneau
Sèvres Babylone
Rue du Bac
Solférino
Assemblée Nationale
Varenne
St François Xavier
La Tour Maubourg
École Militaire
Ségur
Cambronne
La Motte Picquet Grenelle
Dupleix
Bir Hakeim
Passy
Trocadéro
Boissière
Iéna
Alma Marceau
Av. Émile Zola
Charles Michels
Commerce
Félix Faure
Sèvres Lecourbe
Pont Neuf
Louvre Rivoli
Palais Royal Musée du Louvre
Pyramides
Quatre Septembre
Bourse
Sentier
Réaumur Sébastopol
Arts et Métiers
Temple
République
Strasbourg St Denis
Rambuteau
Les Halles
St Paul
Pont Marie
Sully Morland
Madeleine
St Germain des Prés
St Sulpice
Mabillon
Rennes
N.-D. des Champs
St Placide
Maßstab 1:20.000
300 m
1
2
3
4
5
6
7
8
9

Infos

Tour Eiffel/Eiffelturm 1

Die Eisenkonstruktion von Gustave Eiffel entstand zur Weltausstellung von 1889 als damals höchster Turm der Welt. Er misst mit Antenne 321 m und ist ca. 10100 t schwer. Im Nordpfeiler führen Aufzüge nach oben, im Südpfeiler Treppen. Auf der ersten Plattform sind Postamt, Brasserie und Audiovisionsshow, auf der 115 m hohen zweiten Plattform das exklusive Restaurant ›Jules Verne‹ (Vorbestellung wichtig). Von der 274 m hohen dritten Ebene schaut man weit in die Île-de-France hinein. (tgl. 9.00/9.30–23.00 bzw. 24.00 Uhr).

Musée du Quai Branly: Wenige Schritte entfernt entsteht bis 2005 das Museum über Kunst und Kultur in Afrika, Asien, Oceanien und Amerika.

Hôtel des Invalides 2

Der riesige Gebäudekomplex wurde im Auftrag Ludwigs XIV. als Soldatenheim und -hospital erbaut (1671–1706). Die Anlage ist beeindruckend, wirkt aber mit Armeemuseum, Soldatenkirche und dem als Mausoleum genutzten **Dom** wie eine Verherrlichung des Militarismus und seiner ›großen Männer‹. Sie gehört dem Verteidigungsministerium und wird bis heute als Hospital/Hospiz genutzt. Der Invalidendom (Hardouin-Mansart, barock ab 1677) ist ein Meisterwerk des Louis-XIV-Stils. Der Sarkophag Napoleons I. steht seit 1861 direkt unter der Kuppel (Okt.–März tgl. 10.00–16.45, April bis Sept. bis 18.00 Uhr). Südl. in der Rue de Babylone 57 das alte Kino **La Pagode** (1896) mit Teegarten.

Palais Bourbon, 1722–1728 für die Herzogin de Bourbon, einem der unehelichen Kinder Ludwigs XIV., gebaut. Seit 1871 ist der Palast an der Seine Sitz der **Assemblée Nationale**, des frz. Parlaments (Führungen Sa. 10.00, 14.00, 15.00 Uhr; Ausweispflicht). In Sichtweite der zu Ehren des russischen Zaren erbaute **Pont Alexandre III** (1900).

Musée Rodin 3

Das Hôtel Biron ließ sich 1730 ein wohlhabender Perückenmacher erbauen. 1904 wurde es Künstlern zur Verfügung gestellt; hier wohnten Clara Westhoff, Matisse, Cocteau und Rilke, der 1905–1906 als Privatsekretär Auguste Rodins arbeitete. Rodin mietete 1908 das Erdgeschoss als Atelier und bekam später vom Staat die Villa im Austausch gegen sein Werk auf Lebenszeit verpachtet. Er übernahm auch die Kosten für die Einrichtung des Museums. Zu seinen bedeutendsten Werken zählen die ›Bürger von Calais‹, ›Der Denker‹, ›Das Höllentor‹. In der Plastik ›Der Kuss‹ hielt Rodin die Züge seiner Geliebten Camille Claudel (1864–1943) fest, deren Werke ebenfalls zu sehen sind. Gartencafé (Sommer Di.–So. 9.30–17.45, im Winter bis 16.45 Uhr).

Musée d'Orsay 4

Zur Weltausstellung 1900 entstand gegenüber dem Louvre ein repräsentativer Bahnhof (mit Luxushotel), dessen Charakter auch nach dem Umbau zum Museum der Kunst von 1848 bis 1914 (Gae Aulenti, 1986) erhalten blieb. Berühmte Impressionisten-Sammlung mit Werken von Monet, Renoir, Degas, Cézanne, Toulouse-Lautrec und Gauguin; Architektur u. Städteplanung, Kunsthandwerk, Fotografie, Film. Blick von der Aussichtsterrasse (Sommer Di.– So. 9.00–18.00, Winter Di.–Sa. 10.00–18.00, So. 9.00–18.00 Uhr, Do. generell 10.00–21.45 Uhr).

Ehrenlegion: Neben dem Museum das prächtige Hôtel de Salm (1786), seit 1804 Sitz der Ehrenlegion. Das **Musée de la Legion d'Honneur** erzählt die Geschichte des Verdienstordens (Di.–So. 11.00–17.00 Uhr).

St-Germain-des-Prés 5

Die Benediktinerabtei St-Germain-des-Prés wurde bereits im 6. Jh. inmitten sumpfiger Wiesen (= prés) angelegt. Große Teile der Kirche sind romanisch, der Westturm wurde bereits um 1000 begonnen.

Intellektuellenviertel: mit Literatencafés, Jazzkneipen und Designerläden. In den 1920er-Jahren trafen sich hier die Surrealisten, nach dem Krieg die Existentialisten. Im ›Café de Flore‹ und ›Deux Magots‹ waren Picasso, Hemingway und Sartre Stammgäste.

Quartier Latin 6

Das Viertel entstand im 12. Jh. durch den Auszug von Professoren und Studenten aus der Domschule von Notre-Dame. An der Universität Sorbonne, 1210 als drittälteste der Welt gegründet, sprach man lateinisch, daher der Name. Neben der **Sorbonne** zahlr. Institute und Eliteschulen, um die herum sich ein (heute höchst touristisches) Amüsierviertel entwickelt hat.

In Seinenähe liegen die Kirche **St-Severin** mit spätgotischer Flamboyant-Architektur und die **St-Julien-le-Pauvre** (1170–1250).

Musée du Moyen Age/Therme de Cluny: Gegenüber der Sorbonne bedeutende Sammlung mittelalterl. Kunst sowie Überreste des römischen Lutetia (Di.–So. 9.15–17.45 Uhr).

Kirchen: Südlich das **Panthéon**, 1790 als Kirche entstanden, wurde während der Französischen Revolution zum Mausoleum umgewidmet. In der Krypta ruhen u. a. Voltaire, Rousseau, Hugo, Zola und der ehem. Kultusminister André Malraux. Unter der 83 m hohen Kuppel befindet sich eine Aussichtsplattform (Sommer tgl. 8.30–18.30, Winter 10.00–18.15 Uhr). Die nahe **St-Etienne-du-Mont** (got., 1492–1626) ist eine der schönsten Kirchen der Stadt. Sehenswert auch die Hospitalkirche **Val-de-Grace**, die Anna von Österreich als Gottesdank für die Geburt ihres Sohnes, des späteren Ludwig XIV., ab 1645 bauen ließ. Am Blvd. St-Germain die berühmte ›Brasserie Lipp‹.

Jardin du Luxembourg 7

Die aus einem französischen und englischen Park bestehende 25 ha große Anlage ist aus den Gärten des Herzogs von Luxembourg hervorgegangen. Die Königinwitwe Maria von Medici kaufte sie Anfang des 17. Jh. und ließ ab 1615 den **Palais de Luxembourg** errichten (heute Sitz des Senats, zweite Kammer des Parlaments). Am Carrousel, von Charles Garnier entworfen, stand schon Rilke und sah, wie ›dann und wann ein weißer Elefant‹ vorbeikam (tgl. geöffnet).

Catacombes/Montparnasse 8

Bis ins 19. Jh. wurde dem Pariser Untergrund Baumaterial entnommen; die ehem. Steinbrüche unterhöhlen die Stadt. In den 11000 qm großen Katakomben liegen Gebeine von ca. 6 Mio. Toten, die ab 1786 hierher gebracht wurden. Eingang in die Unterwelt ab **Place Denfert-Rochereau** (Di.–Fr. 14.00–16.00, Sa./So. 9.00 bis 11.00, 14.00–16.00 Uhr). Am Blvd. du Montparnasse zahlr. bekannte Cafés wie ›Le Select‹, ›La Coupole‹ und ›La Dôme‹. In der Nähe auch die **Tour Montparnasse** (1972, 209 m, schöner Ausblick) und der gleichnamige Friedhof, u. a. mit dem Doppelgrab von Sartre und Simone de Beauvoir. Östl. davon die **Fondation Cartier** (Blvd. Raspail 261, Di.–So. 12.00 bis 20.00, Do. bis 22.00 Uhr) mit zeitgenössischer Kunst, westl. die von Ricardo Bofill postmodern umbaute **Place de Catalogne**.

Jardin des Plantes 9

Der Park (24 ha), 1626 angelegt, war ab 1635 königlicher Heilpflanzengarten. Im 18. Jh. wurde das angegliederte Institut zum Zentrum naturwissenschaftl. Forschung. Das **Zoologische Museum** (1889) zeigt die Entwicklung der Erde und der Tierwelt (tgl. außer Di. 10.00–17.00, Do. bis 22 Uhr). In der Nähe die **Mosquée** (Moschee) **de Paris** (1926; Rue G.-St. Hilaire) und das **Institut du Monde Arabe** (J. Nouvel, 1988; tgl. außer Mo. 10.00–18.00 Uhr).

0 200 400 600 800 1.000 m
Maßstab 1:20.000

Im Aufwind ›Allons enfants!‹

Der Pariser Osten ist ›in‹. Für das Marais gilt das schon länger; selbst hohe Prominenz steht auf den Wartelisten der Immobilienfirmen, die die Stadtpaläste des Viertels verwalten. Die Gegend um die Bastille ist seit Einweihung der Oper zu neuem Leben erwacht; und seit einigen Jahren gilt die Rue Oberkampf in Ménilmontant als Szenerevier. Die größten Veränderungen jedoch vollziehen sich am linken Seineufer. Dort wird mit dem Projekt ›Paris Rive Gauche‹ ein Bauprogramm umgesetzt, dessen Ausmaße selbst für Pariser Verhältnisse gewaltig sind.

Vor der Bastille-Oper feiern Anhänger den 20. Jahrestag der Wahl des Sozialisten François Mitterrand zum Staatspräsidenten.

▲ *Eines der schönsten Ensembles von Paris: die vollkommen symmetrisch angelegte Place des Vosges*

▼ *Jüdischer Falafelladen in der Rue des Rosiers*

▲ *Hôtel Sully (1624) in der Rue St-Antoine*

▼ *Place des Vosges: Musée Victor Hugo (Nr. 6) und …*

▼ *… Café unter den Laubengängen*

▲ *Musée Picasso in der Krypta des Hôtel Salé*

▼ *Sonntag, Rue des Rosiers: jüdisches Leben*

Viel hätte nicht gefehlt, und eines der Pariser Kleinode wäre der traditionellen Abrisswut der Stadtregenten zum Opfer gefallen. Das einst so edle Marais war seit der Großen Revolution zunehmend verfallen, aus hochherrschaftlichen Gebäuden waren armselige Mietshäuser, Werkstätten und Absteigen geworden. Nach dem Zweiten Weltkrieg sollte es dem Erdboden gleichgemacht werden. Doch Kultusminister Malraux zog die Notbremse, stellte alles unter Denkmalschutz und ließ es sanieren – eine der Taten, die ihm einen Ruheplatz im Panthéon eingebracht haben.

Heute ist das Marais ein Freilichtmuseum adliger Wohnkultur, das mit der Place des Vosges einen der schönsten Plätze der Stadt besitzt. Aber museal gediegen geht es hier nicht zu. Es sei denn, man besichtigt einige der Anwesen aus dem 17. Jahrhundert, etwa das prächtige Hôtel de Sully. Passenderweise ist dort das Amt für Denkmalschutz untergebracht.

Im tiefen Marais

Nein, im Marais wird gelebt, und das nicht schlecht. Die Mieten im einstigen Sumpfland – so der Name des Viertels – zählen zu den teuersten der Stadt. Kleine, feine Geschäfte, exklusive Bistros, Boutiquen von Issey Miyake oder Azzedine Alaïa prägen das Bild. Man muss genau hinschauen, um das alte Marais nicht zu übersehen.

Dazu gehört auch das Judenviertel. Die Rue des Rosiers ist seit dem Mittelalter Zentrum des jüdischen Lebens in Paris. In den Gassen rund um die ›Straße der Rosensträuche‹ gibt es kleine Synagogen, koschere Metzgereien und Delikatessenläden, Juweliere, Restaurants wie das von Jo Goldenberg und auch das Museum für jüdische Kunst in der Rue du Temple. In Paris – und natürlich nicht nur im Marais – lebt mit rund 400 000 Mitgliedern eine der größten jüdischen Gemeinden der Welt.

Belleville vor dem (An-)Sturm

Das Marais ist zwar eine beliebte Adresse, aber die Trendsetter sind längst schon wieder weiter gezogen. Und zwar nach Nordosten. Nach Belleville zum Beispiel, das seinen Namen erhalten hat, weil man

▲ *Chinatown feiert die Jahreswende ähnlich farbenprächtig …*

▲ *… wie im Mutterland*

▲ *Austernesser am Place d'Aligre*

▲ *En vogue: ›Café Sherkhan‹ an der Rue Oberkampf*

▼ *Mittwochs ist Markttag in Belleville*

▲ *Rue Vielle du Temple im Marais*

▼ *Parc des Buttes-Chaumont*

vom Hügel im Parc de Belleville so einen herrlichen Blick über die Stadt hat. Oder auch ins angrenzende Ménilmontant, wo sich die Szene in der Rue Oberkampf fast wöchentlich ein wenig weiter ausdehnt. Gegenden, die noch vor wenigen Jahren als unattraktiv galten: heruntergekommen, schlechte Bausubstanz, düster. Doch die Mieten waren niedrig. Kein Wunder also, dass sich dort überwiegend Einwanderer und ihre Kinder und Enkel ansiedelten.

Noch ist das Leben hier bunt, der Markt auf dem Boulevard de Belleville (dienstags und freitags) arabisch geprägt. Noch gehören die Viertel, zumindest tagsüber, ihren Bewohnern. Hier und da ein trendig aufgemachter Friseursalon, eine schrille Kneipe, ein Szenerestaurant – das passt alles noch ins Bild. Doch die weitere Entwicklung ist absehbar. Das Viertel an der Bastille, drei Metrostationen weiter südlich, hat's vorgemacht.

Szeneviertel Bastille

Noch in den 1980er-Jahren waren Bastille und der angrenzende Faubourg St-Antoine traditionelle Arbeiter- und Handwerkerviertel. Vor allem Möbelbauer waren hier ansässig. Dann wurde der Bau der Oper geplant, Künstler zogen in die fast dörflich gebliebene Enklave, die Kulturschickeria folgte, die Preise explodierten.

Heute gibt es fast nur noch Galerien, Nachtclubs, Tanzschuppen, Kneipen und Restaurants, Fast-Food-Läden. Wer sich bis zum Morgen amüsieren will, ist hier richtig. Der ursprüngliche Faubourg St-Antoine existiert nur noch in Nischen. Auf dem Markt an der Place d'Aligre zum Beispiel oder in den kleinen, dunklen Passagen Richtung Place de la Nation, wo nach wie vor Möbel gefertigt und verkauft werden.

Volkszorn 1789 ...

Place de la Bastille: einer der symbolträchtigsten Orte der französischen Geschichte. Hier entlud sich am 14. Juli 1789 der geballte Volkszorn auf die feudale Königsherrschaft. Eine aufgebrachte Menge, die sich im Hôtel des Invalides mit 30 000 Gewehren versorgt hatte, zog zur Bastille, um sich mit Pulver und Munition einzudecken. Die einstige Zwingburg, in der nur noch ein paar Unglückliche ein-

▲ *Surfen oder nur für einen Kaffee in die ›Web Bar‹?*

▼ *Galerie ›Le 18‹, Rue Keller*

▼ *Disco/Restaurant ›Barrio Latino‹, Faubourg St-Antoine*

▲ *Die Experimentierfreudigkeit der Pariser Galeristen ist sprichwörtlich*

▲ *Boutique in der Rue Ste-Croix-de-la Bretonnerie* ▼ *Wein in den Bastille-Katakomben*

saßen, wurde gestürmt und geschleift. Ihre Umrisse sind heute im Straßenpflaster des Mündungsbereiches der Rue St-Antoine eingelassen.

Und der König? Ludwig XVI. notierte am 14. Juli 1789 in der Abgeschiedenheit von Versailles nur ein einziges Wort in sein Tagebuch: ›Rien‹, ›Nichts‹. Welch ein Irrtum!

... und Volksoper 1989

Die Idee war eines sozialistischen Präsidenten würdig: Inmitten eines Arbeiterviertels, an einem Ort mit revolutionärem Symbolgehalt, sollte das neue Opernhaus erbaut werden. Höchster Kunstgenuss und volksnahe Eintrittspreise, so die Vorgabe Mitterrands. So entstand die Opéra de la Bastille, eingeweiht am 14. Juli 1989, 200 Jahre nach dem Sturm auf die Bastille.

Der Bau des Kanadiers Carlos Ott war und ist umstritten – deplatziert ob seiner Größe sei er, eingezwängt wie ein Nilpferd in der Sitzbadewanne – und die Eintrittspreise hatten natürlich von Anfang an internationales Niveau. Dazu bröckelt das Gebäude an allen Ecken und Enden, und die Instandhaltung verschlingt Unsummen. Aber nachts, wenn Licht durch seine gläsernde Fassade dringt, fällt es schwer, sich dem kühlen Zauber zu entziehen.

Das neue Bercy

Noch mit jedem der Bauten haben sich die Pariser arrangiert, die ihnen die Stadtplaner vorgesetzt haben. Auch das Entsetzen über das scheußliche Finanzministerium an der Seine – selbst Auftraggeber Mitterrand soll es geschmäht haben – hat sich schließlich gelegt.

Wir sind am Quai de Bercy, wo im 19. Jahrhundert vor allem mit Wein und Branntwein gehandelt wurde und zahlreiche Gartenlokale entstanden. Auf einigen impressionistischen Bildern ist diese sonntägliche Ausflugsstimmung festgehalten. Seither, vor allem in den letzten Jahrzehnten, hat sich vieles geändert. Nicht nur das Ministère des Finances, auch das riesige Palais Omnisports dominiert das rechte Seineufer. Mit dem neu angelegten Parc de Bercy, in dem einige alte Weindepots zu Cafés umfunktioniert worden sind, versucht man nun, ein wenig Beschaulichkeit zurückzugewinnen.

▲ Typisch Bahnhofsgaststätte? ›Le Train Bleu‹ im Gare de Lyon

▼ Bibliothèque de France

▲ Am Ende doch kein Haus des Volkes: Opéra-Bastille

▼ Zur Nationalbibliothek gehört eine eigene Metrostation

▼ Brücke über die Rue Charenton

▲ Seinehafen an der Opéra de la Bastille ▼ Promenadencafé unterhalb der Avenue Daumesnil

SPECIAL

Marktlücke: Paris à vélo

Mit dem Fahrrad durch Paris? Nur Lebensmüde oder Spinner tun sich das freiwillig an, oder? Nathalie Steinfeld ist weder das eine noch das andere. Als wieder einmal ein Streik der Verkehrsbetriebe der Stadt tagelanges Chaos beschert hatte, kam der ehemaligen Opernsängerin die kühne Idee: Stadtrundfahrten per Zweirad.

Längst hat sich das Konzept bewährt. 200 Fahrräder, Behindertenräder und Tandems warten am Boulevard Bourdon nahe der Bastille-Oper auf Kundschaft. Täglich schwärmen Gruppen aus, um Paris bei Nacht oder am frühen Morgen zu erleben, Altvertrautes neu zu erfahren oder Stadtteile fernab der Touristenpfade zu entdecken. Und das Unfallrisiko? ›Paris ist für Radfahrer nicht so gefährlich wie Berlin‹, meint Mme Steinfeld. ›In sechs Jahren haben wir noch keinen einzigen Unfall gehabt.‹ Na, dann Hals- und Beinbruch.

Tatsächlich, die Autostadt Paris scheint das Rad neu zu entdecken: Freitagabend am Boulevard Montparnasse. Ein Bürohochhaus, ein Einkaufszentrum, ein Kino ... Es gibt attraktivere Stellen in Paris. Doch nach neun Uhr wandelt sich das Bild. Mit einem Mal wimmelt der ganze Platz von Menschen auf Rollschuhen oder Rollerblades. Die Skate-Night hat begonnen, eines der aufregendsten Happenings, das die Stadt derzeit zu bieten hat.

Unter Polizeischutz geht es auf immer anderen Routen durchs nächtliche Paris. Manchmal rollen bis an die Zehntausende lautlos daher: Alt und Jung, schwarz und weiß, Punks, Hippies, Familien mit und ohne Kinderwagen, Bürogemeinschaften – die Skate-Nacht bringt die ganze Vielfalt der Metropole auf die Straße.

Eine Erlebnisbaustelle

Direkt gegenüber, auf der anderen Seite der Seine, befindet sich das größte Bauprojekt der jüngeren Stadtgeschichte: ›Paris Rive Gauche‹. Auf ganzen 130 Hektar Ufergelände wird hier derzeit ein neuer Stadtteil aus dem Boden gestampft. Von der Gare d'Austerlitz bis hinunter zum Autobahnring wird gebaggert, gemauert, gepflanzt und betoniert.

▲ *Wo früher Weindepots lagen, erhebt sich seit 1984 der multifunktionale Bau des Palais Omnisports de Bercy*

▲ *Nicht gespart wurde am Ministère de Finances*

▲ *Fluss-Disco ›Bateau Phare‹*

▼ *Schulgarten im Bercypark*

▼ ›Non, je ne regrette rien ...‹ – Edith Piafs Grab auf dem Friedhof Père Lachaise

▼ Bercy-Village, erbaut im Stil der abgerissenen Weinlager

Das unscheinbare alte 13. Arrondissement, wie es noch in den Krimis von Simenon und Malet existiert, hat keine Zukunft mehr. Allein acht Hektar Parkfläche soll der neue Stadtteil erhalten, dazu Bürogebäude mit rund 60 000 Arbeitsplätzen und Wohnungen für 15 000 Menschen. Erst wer in dem Pavillon, der mitten im Baugebiet, am oberen Ende der Rue Abel-Gance steht, einen Blick auf das komplette Modell geworfen hat, der kann die Dimensionen des Vorhabens erahnen, das noch über Jahre Baustelle sein wird.

Die ›sehr große Bibliothek‹

Der Blickfang des gesamten Rive-Gauche-Projektes ist schon seit einigen Jahren vollendet. Der erste Eindruck für den Besucher: Die Größe der Bibliothèque de France ist unfassbar, besonders, wenn man sich vom Seineufer her nähert und die Stufen der gewaltigen Steintreppe hinaufsteigt. Es ist fast so, als würde man einen Tempel betreten, eine überdimensionierte Kathedrale, und ihr Gott ist das Buch. Im Volksmund wird das Bauwerk der Superlative in Anlehnung an den Hochgeschwindigkeitszug TGV nur noch die ›TGB‹ genannt: trés grande bibliothèque. Jeder der vier 86 Meter hoch in den Himmel ragenden, rechtwinkligen Türme symbolisiert nach dem Willen des Architekten Dominique Perrault ein aufgeschlagenes Buch.

Auf sage und schreibe vierhundert Regalkilometern lagert hier jede französische Neuerscheinung seit 1945. Mit 3600 Studienplätzen – 2000 Leseplätze in der Forscheretage im Parterre und weitere 1600 Plätze für das breite Publikum – sprengt das neue Babel der Bücher bei weitem die Dimensionen vergleichbarer Institutionen in den USA und Großbritannien. Doch der Teufel steckt im Detail. Eigentlich – so war es einmal angedacht – sollten transparente Glastürme den freien Zugang jedes Menschen zu Bildung und Wissen verkörpern. Da Bücher aber durch Sonnenlicht und Wärmeschwankungen vorschnell zerfallen, mussten nachträglich Sonnenschutzblenden angebracht werden, die nun der Transparenz ein Ende setzen. In die Lesesäle in den Untergeschossen, also dort, wo sich die Menschen aufhalten, dringt dagegen kein Tageslicht.

Maßstab 1:20.000
0
300 m
44
86
30
60
BELLEVILLE
MARAIS
CITÉ
ILE DE LA CITÉ
ILE ST LOUIS
QUARTIER LATIN
BERCY
Seine
Cimetière du Père Lachaise
Gare de l'Est
Gare de Lyon
Gare d'Austerlitz
Place de la Bastille
Pl. des Vosges
Poissonnière
Gare de l'Est
Colonel Fabien
Château d'Eau
Strasbourg St Denis
Bonne Nouvelle
Jacques Bonsergent
Goncourt
Belleville
Pyrénées
Jourdain
Pl. des Fêtes
Couronnes
République
Réaumur Sébastopol
Sentier
Arts et Métiers
Temple
Ménilmontant
Parmentier
Rue St Maur
Oberkampf
Filles du Calvaire
Gambetta
Père Lachaise
St Sébastien Froissart
St Ambroise
Rambuteau
Les Halles
Louvre Rivoli
Châtelet
Pont Neuf
Hôtel de Ville
St Paul
Pont Marie
Chemin Vert
Bréguet Sabin
Voltaire
Philippe Auguste
Alexandre Dumas
Charonne
Bastille
Ledru Rollin
Rue des Boulets
Faidherbe Chaligny
Nation
Sully Morland
Maubert Mutualité
Cluny La Sorbonne
St Michel Notre Dame
Cardinal Lemoine
Place Monge
Jussieu
Quai de la Rapée
Gare de Lyon
Reuilly Diderot
Montgallet
Gare d'Austerlitz
Censier Daubenton
St Marcel
Les Gobelins
Campo Formio
Quai de la Gare
Chevaleret
Nationale
Pl. d'Italie
Corvisart
Glacière
Tolbiac
Bercy
Dugommier
Cour St-Emilion
Bibliothèque F. Mitterand
Porte de Bercy
Quai d'Ivry
1
2
3
4
5
6
7
8
9
10
11
12
13

Infos

Cimetière du Père Lachaise ①

Der berühmteste Friedhof von Paris wurde 1804 eröffnet, damals gerade 17 ha groß. Um ihn bekannt zu machen, wurde geradezu ›die Werbetrommel gerührt‹. So errichtete man 1817 ein Mausoleum für das Liebespaar Héloïse und Abélard. Im selben Jahr wurden die sterbl. Überreste Molières († 1673) und Jean de la Fontaines († 1695) hier aufgebahrt. 1850 wurde das Gelände auf die heutige Größe von 43 ha erweitert. Zu den berühmtesten Toten zählen u. a. Honoré de Balzac, Frédéric Chopin, Amadeo Modigliani, Marcel Proust, Oscar Wilde und Gertrude Stein. Auch Edith Piaf ist hier begraben. Mit Vater und Ehemann liegt sie als ›Madame Lamboukas, genannt Edith Piaf‹ in einem Gemeinschaftsgrab. Wenige Meter entfernt erinnern Mahnmale an die nationalsozialistischen Konzentrationslager. Lageplan am Haupteingang und in den umliegenden Blumenläden.

›Szeneviertel‹: Nördl. die rührigen, multikult. Viertel Belleville (mit **Parc des Buttes-Chaumont**) und Ménilmontant um die Rue Oberkampf (Café ›Sherkhan‹, Nr. 144).

Musée Picasso ②

Das Hôtel Salé wurde 1656–1660 erbaut. Seit 1985 stellt der französische Staat hier einen Teil des Nachlasses Pablo Picassos (1881–1973) aus. Der Künstler hat von 1904 bis nach dem Zweiten Weltkrieg fast ununterbrochen in Paris gelebt und ein enormes Erbe hinterlassen. Mit den hier gezeigten Stücken bestritten seine Nachkommen die fällige Erbschaftssteuer. Die Sammlung umfasst über 200 Gemälde, 150 Skulpturen, dazu Reliefs, Keramiken, mehr als 3000 Zeichnungen und bietet einen Überblick über alle Schaffensperioden dieser Künstlerpersönlichkeit (Rue de Thorigny Nr. 5; Mi.–Mo. 9.30 –17.30 Uhr).

Musée Carnavalet: Behandelt die Pariser Stadtgeschichte von ihren Anfängen bis in die Gegenwart. Beeindruckend vor allem das mittelalterliche Modell der Île de la Cité und viele original eingerichtete Räume, wie der Ballsaal, die den Lebensstil der Aristokraten vergangener Jahrhunderte veranschaulichen (Rue de Sévigné Nr. 23, Di.–So. 10.00–17.40 Uhr).

Jüdisches Viertel ③

Zwar wurden die Juden auch in Paris immer wieder verfolgt, aber seit der Revolution sind sie im Besitz der vollen Bürgerrechte. Damit war Frankreich das erste europäische Land, in dem Juden vor dem Gesetz gleichberechtigt waren. In der Rue du Temple Nr. 71 befindet sich das **Musée d'Art et d'Histoire du Judaïsme**. Stücke und Dokumente aus verschiedenen Museen und Sammlungen wurden zusammengetragen, um die umfassende Darstellung von Kultur, Geschichte u. Gegenwart der jüdischen Gemeinde in Frankreich zu ermöglichen (Mo.–Fr. 11.00–18.00, So. 10.00–18.00 Uhr, Audioguide auch in Deutsch).

Place des Vosges ④

Der quadratische, lindenbestandene Platz (Seitenlänge 140 m) ist durch die lückenlose Bebauung, die nur vom nördl. Durchlass für die Rue des Francs-Bourgeois unterbrochen wird, eine Oase der Ruhe. Mit Ausnahme der erhöhten königlichen Paläste Palais du Roi und Palais de la Reine sind alle Häuser identisch aus Haustein, Ziegelstein und Schiefer errichtet. In der Platzmitte das marmorne Reiterstandbild Ludwigs XIII.

Museen: Im Haus Nr. 6 lebte 1832–1848 Victor Hugo (1802–1885), weshalb man hier das **Musée Victor Hugo** eingerichtet hat, das neben Kuriositäten und Manuskriptseiten auch Gemälde des Dichters zeigt (Di.–So. 10.00 bis 17.40 Uhr).

Das **Hôtel de Soubise** (ab 1705, renoviert ab 1830) ist eines der schönsten Gebäude im Marais und gilt als Höhepunkt des frz. Rokoko. Es nimmt das **Musée de l'Histoire de France** sowie das frz. Nationalarchiv auf (Rue des Francs-Bourgeois Nr. 60, Di.–So. 13.45 bis 17.45 Uhr). Das **Hôtel de Sully** (Rue St-Antoine Nr. 62) entstand 1624 als Renaissancebau.

Bastille ⑤

Auf der verkehrsumtosten Place de la Bastille steht die Julisäule, die in 47 m Höhe den ›Geist der Freiheit‹ trägt. Sie wurde 1840 zum Gedenken an die Julirevolution von 1830 errichtet.

Opéra de la Bastille: Die1989 eingeweihte Oper entstand nach Plänen des Kanadiers Carlos Ott. Präsident Mitterrand persönlich wählte das Modell unter 744 Vorschlägen aus. Der Koloss aus Glas und Stahl bietet im großen Saal 2700 Zuhörern Platz. (Führungen: 10.00, 11.00, 12.00, 13.00, 17.00 Uhr und nach Vereinbarung.: Tel. 0892697868). Rund um die Oper Szenelokale und Galerien.

Westl. die Place d'Aligre mit fast tägl. Markt (Di.–So. 7.00–13.00 Uhr).Vom Yachthafen **Port de l'Arsenal** fließt der **Canal St-Martin** unterhalb des Blvd. Richard Lenoir in Richtung La Villette.

Gare de Lyon ⑥

Der Bahnhof wurde unter Georges Eugène Haussmann angelegt und im Jahr 1999 neu gestaltet. Er beherbergt das schönste Bahnhofsrestaurant der Welt, das 1901 eröffnete ›Le Train Bleu‹. Seine prachtvollen Deckengemälde zeigen die Stationen einer Bahnreise zur Côte d'Azur.

Palais Omnisports ⑦

Mit dem Bau des Palais Omnisports hat die Wiederbelebung des östlichen Stadtrandes begonnen. Die Halbpyramide mit den grasbewachsenen Seiten fasst bis zu 17 000 Zuschauer und kann für Tennisturniere, Radrennen, Eissport und Konzerte genutzt werden.

Parc de Bercy: Bis Ende der 1970er-Jahre standen am Seineufer Weinlagerhallen, deren Reste in den 13,5 ha großen Park integriert wurden. Die meisten seiner Bäume sind über 100 Jahre alt. Der Park ist in drei Teile geteilt – la Grande Prairie, les Parterres, Jardin Romantique –, die aus verschiedenen Elementen bestehen (u. a. den Ruinen des Château Bercy, Weinlager, Rosarium).

Bibliothèque de France ⑧

Das letzte und gewaltigste der ›Grands Projects‹ aus der Ära Mitterrand wird noch auf Jahre hinaus ein ständig wechselndes Gesicht zeigen. An zahlreichen Stellen der Rive Gauche wird noch gebaut, dazwischen aber sind Wohnungen u. Büros belegt und haben Lebensmittelläden, Bistros, Restaurants, ein Kino und Theater nach sich gezogen. Informationen über die Entwicklung des Viertels gibt es im Pavillon der Stadt (Centre d'information de Paris Rive Gauche, am oberen Ende der Rue Abel-Gance. Di.–Fr. 13.00 bis 18.00 Uhr, Sa./So. 10.00–18.00 Uhr; www.parisrivegauche. com)

Bibliothèque Nationale de France: Bestand ca. 10 Mio. Bücher; zu 84 weiteren Bibliotheken besteht per Computer unmittelbarer Kontakt (Quai François-Mauriac, Di.–Sa. 10.00 bis 20.00, So. 12.00–19.00 Uhr).

Chinatown ⑨

Im Bezirk Italie, zwischen der Rue de Tolbiac und der Avenue d'Ivry (außerhalb der hier angegebenen Karte), ragen dreißigstöckige Ungetüme aus den frühen 1970er Jahren empor. Da sie keine Käufer fanden, quartierte die Verwaltung Flüchtlinge aus Vietnam und chinesische Einwanderer hier ein. Seither finden sich im 13. Arrondissement asiatische Schriftzeichen, Läden und Restaurants. Das Ladenzentrum ›Tang Frères‹ in der Aveue d'Ivry versetzt den Besucher nach Saigon – Pekingente, hundertjährige Eier und exotische Früchte.

Maßstab 1:20.000

Blick auf eine Weltstadt

Wer auf dem Montmartre wohnt, der will nicht mehr weg. Das können noch so viele Sexlokale und Touristenbusse nicht ändern. Zu schön ist der Blick hinunter in die Stadt. Und es gibt ja nicht nur den Trubel an der Sacré-Cœur. Da sind die ruhigen Gassen nördlich des Hügels und die kulturelle Vielfalt des Goutte d'Or. Im Nordosten dann La Villette mit seinen ›Wissenschafts‹- und ›Musikstädten‹.

›Zuckerbäckerarchitektur‹ hin oder her, Nepp und Gedränge gibt es auch anderswo in Paris, aber zur Sacré Cœur ›müssen‹ alle Besucher der Stadt hinauf – und sei es, um hinunterzugucken.

▲ Porträtmaler an der Place du Tertre

▼ Parc de Turlures zu Füßen von Sacré-Cœur

▼ Graffiti in der Rue d'Orsel

▼ Im Jazzclub ›New Morning‹

▼ ›Moulin Rouge‹ im Vergnügungsviertel Pigalle

▲ Die Gassen um Sacré-Cœur mit Gästen aus aller Welt

▼ Encore du Jazz im ›New Morning‹

Montmartre – das sind Pigalle und Moulin Rouge, sind die Cancan tanzenden Revuemädchen, die Nepplokale, Touristenbusse und Sexshops. Das ist die Place du Tertre mit Dutzenden von Freiluftmalern und überteuerten Preisen, das sind Taschendiebe an der Sacré-Cœur und Gedränge in den Gassen. Sicher: Wer sich nur zwischen der berühmten Zuckerbäckerkirche und dem Boulevard de Clichy bewegt, kann mit genau diesem Bild vom Montmartre und dem eigenen Fünf-Minuten-Porträt dazu wieder nach Hause fahren. Und hat eine Menge verpasst ...

Denn abseits ausgetretener Pfade – auf dem 129 m hohen Montmartre sind das Treppen und steile Sträßchen – findet man verschwiegene Gassen und Plätze, etwa den Parc de Turlures, wo sich Einheimische zum Petanque- und Boulespielen treffen. Immer noch gibt es Ateliers, intime Theater, winzige Läden und Restaurants und, vor allem nördlich des Hügels, eine kleinstädtische Atmosphäre mit Rebengarten und herbstlichem Weinfest.

Wer das Glück hat, auf dem Montmartre zu wohnen, schaut auf die anderen in der smogverhangenen Stadt hinunter und weiß auch, warum. ›Der Montmartre ist wieder im Kommen‹, prophezeit Bertrand Garry, Chef einer Boutique in der Rue Durantin. ›Das wird hier das neue Soho von Paris.‹ Bestes Beispiel sind die ›Folies Pigalle‹. Das einstige Striptheater ist heute eine Clubadresse für Rai-Musik und Deep House.

Die Geburt der Moderne

Im 19. Jahrhundert entwickelte sich der noch ländliche Montmartre vom Ausflugsziel zum Künstlerviertel. Im Café ›Nouvelles Athènes‹ an der Place Pigalle trafen sich Maler, die als Impressionisten zu Weltruhm gelangen sollten. Edgar Degas, Camille Pissarro, Edouard Manet und Paul Cézanne wohnten in der Nähe, Vincent van Gogh hatte sich bei seinem Bruder Théo einquartiert, der als Leiter der Kunsthandlung Goupil am Boulevard Montmartre junge Künstler förderte. Sein Nachfolger Maurice Joyant wurde mit den Worten eingestellt: ›Unser Geschäftsführer van Gogh, halb verrückt wie sein Bruder, der Maler, ist in einer Heilanstalt ... er hat

▲ *Petanquespieler im Parc de Turlures*

▼ *Der berühmte – und einzige – Weinberg am Montmartre*

▲ *Grab von Truffaut…* ▼ *… und Dalida*

▼ *Moulin de la Galette*

▲ *Auf der Terrasse des Restaurants ›Palachou‹*

▼ *Metroeingänge im Jugendstil*

schreckliche Sachen von modernen Malern angesammelt, die unserem Haus zur Schande gereichen.‹ Und Joyant schleppte noch Entsetzlicheres an: 1893 hatte Henri de Toulouse-Lautrec bei Goupil seine erste Ausstellung.

1904 bezog der junge Pablo Picasso dauerhaft auf dem Montmartre Quartier. In einer ehemaligen Klavierfabrik, dem Bateau-Lavoir, das er mit anderen bewohnte und als Atelierhaus nutzte, wurde der Kubismus geboren. Noch heute arbeiten Künstler im später abgebrannten und 1978 neu errichteten ›Waschboot‹.

SPECIAL

Bienvenu im Kabarett

Wie kein anderer wurde Henri de Toulouse-Lautrec (1864 – 1901) zum Chronisten der Künstlerbohème und der Halbwelt des Fin de Siècle. Lautrec war Spross einer der ältesten Adelsfamilien Frankreichs, aber sein Leben entwickelte sich anders, als man es von einem Grafensohn erwarten konnte. Er wandte sich den Vergnügungsstädten zu, und seine mit unbändigem Strich entworfenen Plakate verhalfen den Tänzerinnen La Goulue und Jane Avril sowie dem Chansonnier Aristide Bruant zu unvergänglichem Ruhm. Bruant war der ungekrönte König des Montmartre, er sang von Huren und Gaunern und wurde vom Publikum vergöttert, obwohl er es als Schweine und Dummköpfe beschimpfte.

Die Cabarets mit ihrer Kneipenkunst (Cabaret bedeutet Kneipe) bekamen zunehmend Konkurrenz durch die Music-Halls, die sich im großen Stil der Unterhaltung annahmen. In den Jahren zwischen den Weltkriegen schäumte das leichte Leben in der Metropole über. Im ›Moulin Rouge‹, in den ›Folies Bergère‹ feierte man Revuestars wie die Mistinguett, Maurice Chevalier und Josephine Baker.

Die Szene verlagerte sich, am Fuße des Montmartre dominierte das Rotlichtmilieu. Neue Kneipen und Cafés, andere Lieder und Chansonniers, Namen wie Juliette Gréco, Boris Vian, Georges Brassens, Jacques Brel, Edith Piaf und Serge Gainsbourg wurden berühmt. Das Chanson veränderte seinen Stil – verlor jedoch nicht seinen Reiz. Heute erobern Stars wie Patrick Bruel und Patricia Kaas nicht nur die französischen Hitparaden.

▲ Indische Stoffe am Faubourg St-Denis

▲ Flohmarkt Paul-Bert

▼ Schlank: Rue de Clery

▲ Die Bühne des Théâtre Bouffe du Nord

▲ Markt am Boulevard Rochechouart

▼ Überdachter Markt Carreau du Temple

▼ Ulk im Café

Immigranten geben den Ton an

Eine ganz andere Musik. Sie steht für einen Stadtteil, der noch nicht zum Szeneviertel geworden ist: das ›Nationalorchester‹ aus dem Quartier Barbès/La Goutte d'Or östlich des Montmartre. Die Truppe ist seit Jahren nicht nur in Paris, sondern in der internationalen Jazz- und Worldmusic-Szene angesagt. Ihre Mischung aus traditioneller und moderner nordafrikanischer Musik, aus Rai, Rock und Reggae ist ein mitreißender Crossover. Selbstbewusst betonen die jungen Einwanderer und Nachkommen von Immigranten aus dem Maghreb, dass sie Teil der französischen Nation sind – und dass die quirlige Pariser Club- und Discoszene ohne die nordafrikanischen Stilelemente kaum mehr vorstellbar wäre.

Ob das Einwandererviertel zwischen dem Boulevard Barbès und der Rue de la Goutte d'Or (die darauf verweist, dass hier einst ein ›goldener Tropfen‹ angebaut wurde) jemals ebenso gefragt sein wird wie die exotischen Klänge? Ausgeschlossen ist es nicht. Durch ein umfangreiches Sozialprogramm, durch Neubau, Umbau und Abriss der allzu heruntergekommenen Häuser versucht die Stadt, dem traditionell ärmlichen Quartier zu helfen. Immerhin, vergleichbare Gegenden wie Belleville und Ménilmontant haben zuletzt einen Aufstieg erlebt. Allerdings mit dem eher zweifelhaften Erfolg, dass für etliche der dortigen Anwohner die Mieten nun zu hoch geworden sind.

In Barbès sind die Preise noch niedrig. In Restaurants und Garküchen gibt es für ein paar Euro Couscous, Falafel und Merguez, bei ›Tati‹ Klamotten zum Schleuderpreis. Und unter der Hochbahn am Boulevard Rochechouart wird so ziemlich mit allem gehandelt (und gedealt), was irgendwie beweglich ist.

Im Parc de la Villette

Sind die Touristenströme in Barbès spürbar dünner geworden, im Parc de la Villette gibt es sie wieder en gros. Doch wer weiß, wie es heute um den Nordosten bestellt wäre, hätten die Stadtplaner der 1950er-Jahre nicht einen kapitalen Bock geschossen. Der Schlachthof, der die Stadt ein Jahrhundert lang mit Fleisch versorgt

▼ In der futuristischen ›Géode‹

▼ Canal St-Martin und … ▲ … Canal d'Ourcq mit Pont Crimée ▼ Abstieg in die Cité des Sciences, … ▼ … Annäherung an die Zukunft

▲ ... werden auf einer 172-Grad-Leinwand Dokumentarfilme gezeigt ▼ Im Parc de la Villette

hatte, war zu klein geworden. Und so entwarf man stattdessen eine richtig gigantische Fleischfabrik, die zum ›modernsten Schlachthof Europas‹ werden sollte. Der war allerdings bei seiner Fertigstellung zu Anfang der 1970er-Jahre längst wieder überholt.

Aber in Paris ist man an Bausünden gewöhnt und auch daran, mit Kreativität und viel Geld zu retten, was zu retten ist. Also reihte Präsident Mitterrand das Ganze unter die speziell geförderten ›Grands Projects‹ ein, und im Verlauf von zehn Jahren entstanden so unter anderem ein beeindruckendes Wissenschaftsmuseum (das vor allem Kindern gefällt) samt kugelförmigem Kino und die ›Cité de la Musique‹. Die 1200 Zuhörer fassende Konzerthalle wird wegen ihrer wunderbaren Akustik weltweit gerühmt.

Idyllen im Norden

An diesem Punkt kehren die meisten Besucher dem Nordosten der Stadt den Rücken. Dabei gibt es südlich von La Villette, unweit der Metrostation Danube und des Parc des Buttes-Chaumont, eine Rarität zu entdecken: Eingerahmt von heruntergekommenen Wohnblocks ist dort eine Siedlung mit durch und durch dörflichem Charme erhalten geblieben. Puppenhäuschen, steile, winkelige Gassen und Treppen, Kopfsteinpflaster, üppiges Grün – ein Bild aus einer anderen Zeit. Die Bäckersfrau in der Rue de l'Égalité gibt ihr Wissen gerne weiter und verrät, was hier die Zeit hat stillstehen lassen: ›Der Untergrund des ganzen Hügels ist aus Gips, hier wurde noch bis ins 20. Jahrhundert Gips abgebaut und bis nach Amerika exportiert. Aber jetzt ist der Berg ausgehöhlt und nicht mehr sehr tragfähig. Deshalb kann man hier keine Hochhäuser bauen, und so sind wir von Bauspekulanten verschont geblieben.‹

Noch ein Idyll, und es führt uns zurück Richtung Innenstadt: der Canal Saint-Martin. Mit seinen vielen Brücken, alten Schleusen und sich im Wasser spiegelnden Kastanienbäumen hat er sich zu einer begehrten Wohngegend entwickelt. Besonders schön ist es am Square du Récollets, einem kleinen, über dem Wasser angelegten Park.

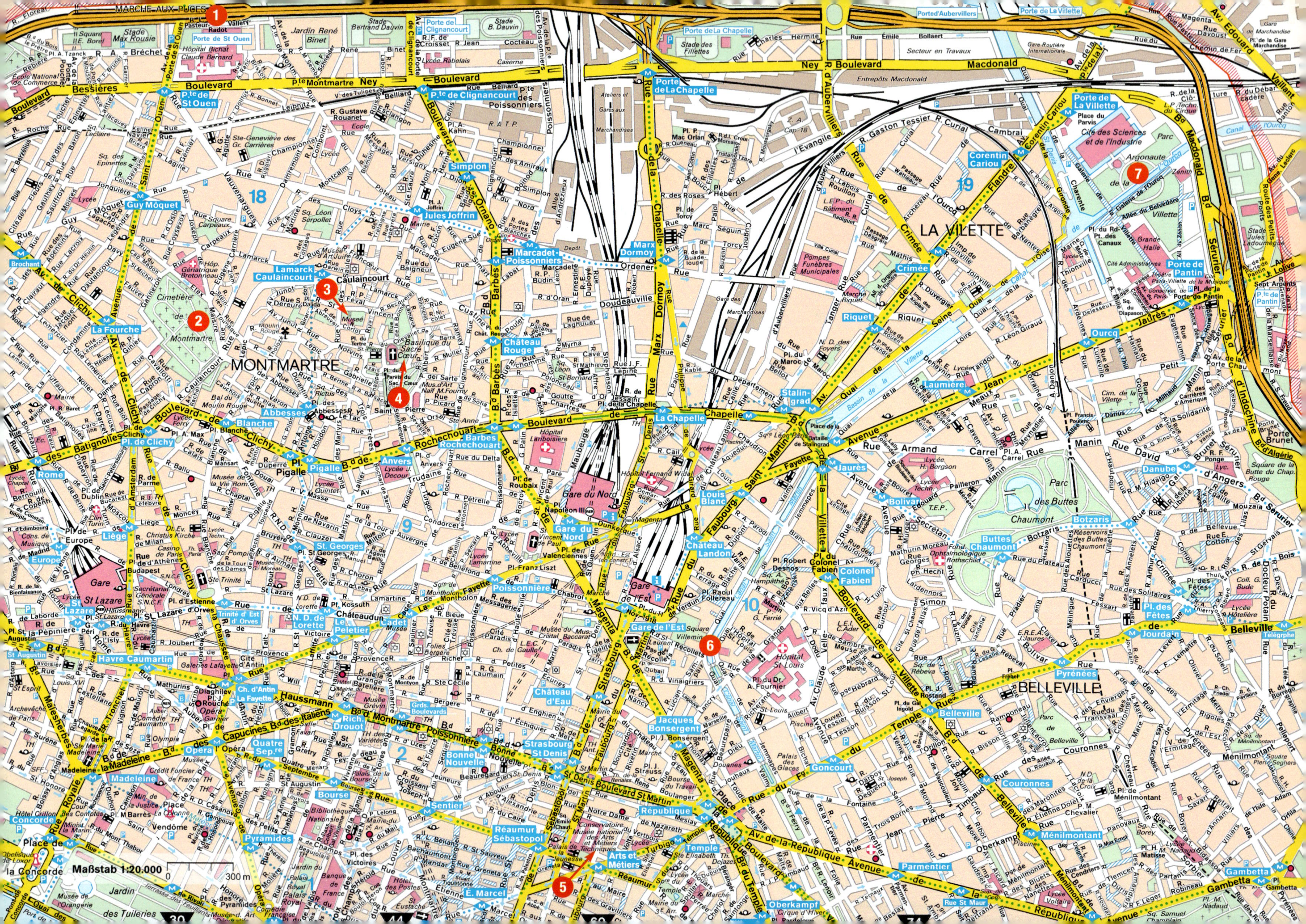
MONTMARTRE
LA VILLETTE
BELLEVILLE
18
19
10
9
2
Maßstab 1:20.000
300 m
30
44
60
74

Infos

Marché aux Puces de St-Ouen ①

Der bekannteste Flohmarkt von Paris liegt zwischen Porte de Clignancourt und Porte St-Ouen. Er besteht aus mehreren Märkten und wirkt fast wie eine Stadt in der Stadt. Der Markt entwickelte sich aus einem Areal, wo im 19. Jh. Clochards, Lumpen- und Eisenhändler ihr Zeug verkauften. Nachdem 1920 die Stadtmauer abgerissen wurde, entstanden die Flohmärkte. Heute ist der Marché aux Puces recht etabliert, ›Schnäppchen‹, die diesen Namen verdienen, sind kaum noch zu machen.

Bezirke: Auf dem **Marché Vernaison** werden vor allem Antiquitäten, Bücher, Gravuren und Silber verkauft, auf dem **Marché Biron** Möbel und Kunst, auf dem **Marché des Jules-Vallès** dominieren Gegenstände aus den 1920er- und 1930er-Jahren sowie Postkarten, auf dem **Marché Malik** gibt es vor allem gebrauchte Kleidung, auf dem **Marché Michelet** Kleidung, Schuhe sowie Lederwaren. Krimskrams, vielleicht sogar ein ›Schnäppchen‹, findet man am ehesten auf den Märkten **Cambo** und **Serpette et Paul-Bert** (Sa., So., Mo. 7.30–19.00 Uhr).

Cimetière de Montmartre ②

Auf dem 1795 angelegten Friedhof befinden sich u. a. die Gräber von Hector Berlioz, Alexandre Dumas d.J., Edgar Degas, Jacques Offenbach, François Truffaut, Jean-Honoré Fragonard, Stendhal, Heinrich Heine, Samuel Beckett und Émile Zola (dessen Gebeine später ins Panthéon überführt wurden). Zu den beliebtesten Pilgerstätten der Besucher zählt die weiße Statue der Sängerin Dalida. Auch die Tänzerin La Goulue (›die Gefräßige‹; bürgerl. Louise Weber), auf den Plakaten des Malers Henry de Toulouse-Lautrec verewigt und auf ihrem Grabstein als ›Schöpferin des französischen Cancan‹ bezeichnet, ist hier bestattet. Ihr einstiger ›Arbeitsplatz‹, das schillernd-schwüle Revuetheater ›Moulin Rouge‹ (Blvd. de Clichy Nr. 82) im touristisch überlaufenen Vergnügungsviertel Pigalle liegt südlich des Friedhofs, wenige Minuten entfernt.

Musée Montmartre ③

Das Museum in der Rue Cortot befindet sich im ehem. Landhaus des Schauspielers Roze de Rosimonds aus Molières Komödiantentruppe. Hier wohnten u. a. Renoir und Utrillo, der auf dem nahen **Cimetière St-Vincent** begraben ist. Das Museum zeigt neben Erinnerungsstücken an den alten Montmartre Wechselausstellungen junger Künstler (Di.–So. 11.00–17.30 Uhr).

Clos Montmartre: Auf dem Weinberg findet am 1. Oktobersamstag ein Weinlesefest statt, dessen Erträge im Rathaus des 18. Arrondissement versteigert werden.

Lapin Agile: Das Haus Nr. 22 in der Rue des Sautes war vor dem Ersten Weltkrieg Künstlertreff. Bis heute stehen Chansons und Cabaret auf dem Programm.

Sacré-Cœur ④

Die weiße Basilika auf dem Montmartrehügel wurde 1875–1919 erbaut als Zeichen der Sühne für den verlorenen Krieg gegen Deutschland 1870/71 und den niedergeschlagenen Aufstand der Kommunarden 1871. Sie wurde über einem Massengrab ermordeter Aufständischer errichtet. Ihr wuchtiger romanisch-byzantinischer Stil fand nicht überall Anklang. Gerade wegen ihrer Exotik wurde sie jedoch zu einer der beliebtesten Sehenswürdigkeiten von Paris – auch der Blick auf die Stadt und das Gassengewirr um die **Place du Tertre** (mit Heerscharen von Porträtmalern) trägt dazu bei. Im 83 m hohen Campanile hängt mit 18,5 t Gewicht eine der schwersten Glocken d. Welt (tgl. 6–23; Kuppel, Krypta 9–18 Uhr). Neben Sacré-Cœur steht mit **St-Pierre-de-Montmartre** (1134–1147) eine der ältesten Kirchen der Stadt (Hauptfassade 1688). Am Fuße des Terrassengartens, der in die Stadt hinunterführt, liegt die ehem. Markthalle St-Pierre (19. Jh.), ein charmanter Ort mit kleinem Café. Hier befindet sich das **Musée d'Art Naïf Max Fourny** (zeitgenöss. naive Malerei, tgl. 10.00–18.00 Uhr). Nördlich Sacré-Cœur liegt der kleine **Parc de Turlures**, ein Treffpunkt von Boulespielern.

Musée des Arts et Metiers ⑤

Das renovierte Musée National des Arts et Métiers; tgl. 13.00–17.30, So. 10.00–17.15 Uhr, Rue St. Martin Nr. 292) zeigt eine erstaunliche Sammlg. aus den Kindertagen der Moderne. Es wurde 1794 im Kloster St-Martin-des-Champs eingerichtet. In der Klosterkirche (ab 1130) hängt das berühmte Pendel des Pariser Physikers Léon Foucault (1819–1868). Im Refektorium aus dem 13. Jh. ist die Bibliothek der Technischen Fachhochschule untergebracht. Rue des Petites Ecuries Nr. 7–9 (nordwestl.) ist eine der ersten Adressen im jazzverrückten Paris: Im Club **›New Morning‹** standen schon (fast) alle Stars des Genres auf der Bühne. Östl. zum Canal St-Martin hin die ›nordafrikanischen‹ Immigrantenquartiere **Temple** und **Barbès** mit zahlr. Märkten (u. a. am Carreau de Temple, Kleidermarkt Di.–So. 9.00–12.30 Uhr).

Canal St-Martin ⑥

Der 4,5 km lange Canal St-Martin beginnt am Bassin de La Villette (ihm entgegengesetzt führt der **Canal de l'Ourcq** durch die Cité des Sciences im Parc de la Villette) und fließt am Yachthafen **Port de l'Arsenal** südlich der Bastille in die Seine. Napoleon ließ ihn bauen, um die damals katastrophale Wasserversorgung der Stadt zu verbessern. Heute verläuft knapp die Hälfte der Strecke unterirdisch (Ausflugsfahrt 2,5–3 Std.). Ausflugsboote müssen vier Doppelschleusen, zwei Drehbrücken und eine Hebebrücke passieren, um die 24 m Höhenunterschied zu überwinden. Abfahrt in Richtung La Villette ab Musée d'Orsay (Quai Anatóle-France) oder Port d'Arsenal; Rückfahrt ab Parc de la Villette oder Bassin de la Villette (Quai de Loire).

Parc de la Villette ⑦

Das ehemalige Schlachthofgelände ist Treffpunkt von Naturwissenschaft und Kunst.

Cité des Sciences et de l'Industrie: Hier wird Freude an der Wunderwelt der Technik vermittelt. Zu den Attraktionen zählen eine Spitze der europäischen Trägerrakete ›Ariane‹ und das Tiefseetauchboot ›Nautilus‹. In der ›Cité des Enfants‹ können Drei- bis Zwölfjährige auf 3500 qm Fläche toben (Di.–Sa. 10.00–18.00, So. 10.00–19.00 Uhr). An der Südseite des Hauptgebäudes befindet sich das U-Boot ›L'Argonaut‹.

Géode: Die 1000 qm große Kinoleinwand im Innern der glänzenden Stahlkugel (Durchmesser: 36 m) ist halbkreisförmig gebogen und erzeugt von jedem der 370 Sitz- bzw. Liegeplätze aus einen 3 D-Effekt. Eine 12 000 Watt starke Tonanlage sorgt für den Klang. Gezeigt werden hauptsächlich Dokumentar- oder Naturfilme (Beginn stdl. 10.30–21.30 Uhr). Atemberaubend sind die fünfminütigen Vorstellungen im Cinaxe-Kino an der Westflanke des Gebäudes. Die Technologie dieses Flugsimulators wird auch in der Pilotenschulung eingesetzt.

Der Park selbst wird von einem quadratischen Raster aus 22 kleinen roten Gebäuden überzogen, den sog. **Folies**. Jedes einzelne besitzt eine andere Form und dient anderen Zwecken (Café, Kinderhort, Info-Zentrum etc.). Dazwischen schlängelt sich ein Pfad an Themengärten vorbei, wie dem 3000 qm großen Bambusgarten. Veranstaltungshallen für Großkonzerte wie die Rockarena **›Zenith‹** (6400 Plätze) und die **Cité de la Musique** begrenzen den Park nach Süden hin. In der 1995 eröffneten ›Musikstadt‹ ist neben dem ovalen, wegen seiner ausgezeichneten Akustik berühmten Konzertsaal (1200 Plätze) v. a. das **Musée de la Musique** sehenswert, das etwa 900 Musikinstrumente zeigt und viele davon auch zu Gehör bringt (Di.–Do. 12.00 bis 18.00 Uhr, Fr., Sa. 12.00–19.30 Uhr, So. 10.00 bis 18.00 Uhr).

Maßstab 1:20.000
0 200 400 600 800 1.000 m

AX
LE B STROT A VIN
RESTAURANT

Von Altem und Neuem

Fein, vornehm und verschlafen: das 16. Arrondissement hat seinen eigenen Charakter. Abseits der eleganten Stadtvillen ist noch das ländliche Passy spürbar, in das die Luxusboutiquen und Yuppie-Cafés nicht so recht passen wollen. Architekturfreunden hat der Westen einiges zu bieten: Häuser von Guimard und Le Corbusier – und La Défense, die futuristische Bürostadt mit der Grande Arche. Kontraste sind der Bois de Boulogne und der schöne Parc de Bagatelle.

Im Büroviertel La Défense arbeiten 100 000 Menschen, aber nur 20 000 leben ständig dort.

▲ Die Métrobrücke Bir-Hakeim

▲ Im Ranelagh-Garten

▲ Die Maison de Balzac

▼ Wir sind noch in Paris

▲ Pont de l'Alma mit Princess-Diana-Denkmal

▲ *Fernöstliche Kunst im Musée Guimet* ▼ *Musée du Vin und Restaurant in unterirdischen Gängen*

Im Westen nichts Neues? Bien sur. Warum sollte man auch Unruhe in einen Stadtteil bringen, der seinen Bewohnern so viel Annehmlichkeiten bietet? Die ehemaligen Dörfer Passy und Auteuil, zwischen Seine und dem Bois de Boulogne gelegen, sind zwei der ersten Adressen von Paris. Hierhin verirren sich nur wenige Touristen, die Métrolinie 9 wird auffällig leer nach der Station Trocadéro, gegenüber dem Eiffelturm. Im 16. Arrondissement bleibt man meist unter sich. Das Vielvölkergemisch, das vor allem den Osten und Norden der Stadt prägt und belebt, ist hier nicht zu Hause – es sei denn, Madame hat ein schwarzes Kindermädchen eingestellt oder Monsieur einen Chauffeur aus Marokko.

Sympathisch aber ist: In stillen Gassen wie der Rue Berton, in der Maison Honoré de Balzac, wohin sich der Romancier vor seinen Gläubigern flüchtete, oder auch im kleinen Musée du Vin ist das dörfliche Passy noch lebendig.

Passy ist sich selbst genug

Im ›Sechzehnten‹ wird nicht geprotzt, sondern diskrete Distanz gewahrt, die hat man dem Adel abgeguckt. So wie die Hôtels, die sich die Aristokraten einst um Gärten und Innenhöfe bauen ließen, sind auch heutige großbürgerliche Besitztümer von außen kaum einzusehen. Aber ein Blick ins Schaufenster von ›Franck & Fils‹ in der Rue du Passy oder auf die Speisekarte der Cafés in der Chaussée de la Muette zeigt es ganz klar: Hier wird nicht auf den Euro geschaut.

Natürlich ist auch Le Seizième nicht ganz vor Erschütterungen gefeit: Da hat doch tatsächlich der Drei-Sterne-Maître Alain Ducasse (von seinen Kollegen zum ›Chefkoch 2000‹ gekürt) Passy den Rücken gekehrt, um fortan im Plaza Athénée im ›Achten‹ sein Süppchen zu kochen! Und seine betrübten Fans gehen jetzt ins ›No Stress Café‹, um sich von diesem Schock etwas zu erholen. Dort, am anderen Seineufer in der Rue Balard, kann man sich während des Essens wahlweise eine Shiatsu-Massage oder je nach Geschmack auch ein paar Sauerstoff-Inhalationen verabreichen lassen. Das ist doch mal was Neues, oder etwa nicht?

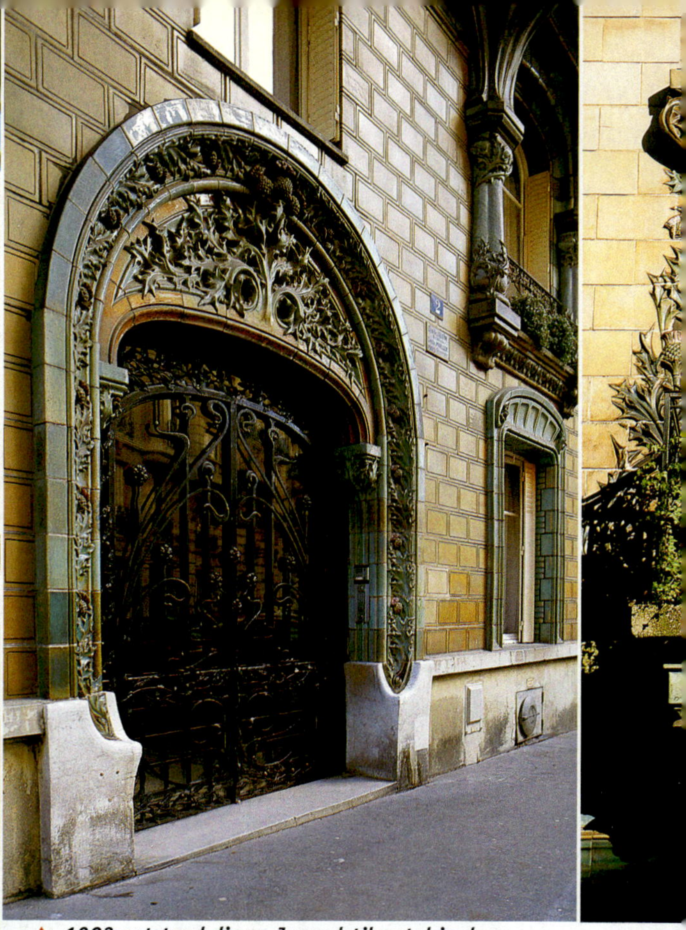

▲ 1903 entstand dieses Jugendstilportal in der ...

▲ Avantgarde der 1930er-Jahre: Rue Mallet-Stevens

▼ Passy und der Eiffelturm

▼ ... Rue Chahu, ... ▲ ... Detailstudie ▲ Fenster im ... ▼ ... Castel Béranger

Der Wandel der Autostadt

Und schon ist man im 15. Arrondissement, das sich tatsächlich verändert hat, seit rund um den modern gestylten Parc André-Citroën ein neues Wohnviertel entstanden ist. Wo früher Autos montiert wurden, stehen jetzt große gläserne Gewächshäuser, die auch mal Bühne für Jazzkonzerte sind. Das neue Viertel an der Seine ist lebenswerter geworden, anders als die nördlich gelegenen Wohn- und Bürotürme der Front de Seine. Das klotzige Pariser Manhattan entstand 1967–1985, passend zur Freiheitsstatue, die die davor liegende Seineinsel Allée des Cynges ziert.

Guimard und Corbusier

Architekturfreunde sollten schnell wieder zurück ins Sechzehnte. Am besten über die Allée des Cynges – endlich ein Seinespaziergang im Grünen, ohne Autoabgase, aber mit Blick auf die Hausboote am Ufer. An der doppelstöckigen Pont Bir-Hakeim erreicht man das rechte Ufer und ist wieder in Passy. Hier und in Auteuil findet man zahlreiche Häuser des Jugendstilarchitekten Hector Guimard, seine verspielten Métroeingänge kennt jeder Parisbesucher. Das Castel Béranger in der Rue de la Fontaine Nr. 14 gilt als sein Meisterstück, in der Avenue Mozart Nr. 122 steht sein eigenes Wohnhaus. Einflüsse der Art-déco zeigen die Häuser, die der Pionier der Stahlbauweise Auguste Perret nach dem Ersten Weltkrieg bauen ließ. Völlig anders dagegen die kubistischen Häuser, welche die Puristen Robert Mallet-Stevens (in der nach ihm benannten Rue) und Le Corbusier (in der Sackgasse Square du Docteur Blanche) für ihre gut betuchte Klientel entwarfen. Le Corbusier schockte die Pariser übrigens zutiefst: Sein ›Plan Voisin‹ von 1925 sah vor, die Bebauung der Innenstadt bis auf ein paar Denkmäler abzureißen und eine neue Stadt zu errichten ...

Ein Bogen für den Präsidenten

Dass die Pariser Stadtplaner zu radikalen Maßnahmen fähig sind, weiß man seit Haussmann. Und La Défense, westlich des Westens, ist nur ein weiterer Beweis. Um Platz für das gigantische Büroviertel zu schaffen, wurden Ende der 1950er-Jahre 9000 Wohnungen und 1000 Kleinbetriebe

▲ Die Bürostadt La Défense

▼ Blick auf den Triumphbogen

▲ La Grande Arche de La Défense

▲ *Paris ist eine ›grüne‹ Stadt: Parc André-Citroën ...*

▲ *... Bois de Boulogne und ...*

▼ *... der Jardin d'Acclimatation*

enteignet und abgerissen. Es wuchs eine Retortenstadt amerikanischen Ausmaßes. Rund 100 000 Beschäftigte arbeiten in über fünfzig Hochhäusern, in einer faszinierenden Welt aus Glas und Stahlbeton. Ihr Mittelpunkt ist La Grande Arche, der 1985–1989 entstandene große Bogen. ›Ein Fenster zur Welt, ein moderner Arc de Triomphe, der den Triumph der Menschheit feiert. Er ist ein Symbol der Zukunftshoffnung, dass sich alle Menschen frei begegnen können‹, glaubte der dänische Architekt Johan Otto von Spreckelsen. Doch der 300 000-Tonnen-Koloss steht eher für die historische Kontinuität des Landes von Napoleons Kaiserreich bis zur Fünften Republik. Und aus dem ›Triumph der Menschheit‹ wurde ganz bescheiden der des Präsidenten Mitterrand.

SPECIAL

Im Bois de Boulogne

Der zweitgrößte Wald von Paris ist zwar rund 850 Hektar groß, aber dennoch nicht groß genug, um das ewige Rauschen des Schnellstraßenrings zu übertönen. Wir wären nicht in Paris, wenn der Wald einfach nur Wald wäre. Lange Zeit Jagdrevier der Könige, aber auch Schlupfwinkel von Tagedieben und berüchtigten Banditen, wurde der Steineichenwald 1556 unter Heinrich II. mit einer Mauer und acht Toren umgeben. Unter Ludwig XIV. bekam er ein paar Schlösschen, von Haussmann zwei Pferderennbahnen, künstliche Seen und einen Wasserfall. Aus jener Zeit, dem zweiten Kaiserreich mit seinem Hang zu Plüsch und Prunk, stammt auch das altmodisch-prachtvolle Restaurant ›La Grande Cascade‹ – für das gewöhnliche Ausflügler allerdings ein paar Wochen lang sparen müssen.

Herrlich ist der Landschaftsgarten des im Nordwesten an den Bois de Boulogne angrenzenden Parc de Bagatelle – vor allem, wenn das Rosarium seine duftende Pracht zur Blüte bringt. Das kleine Château de Bagatelle entstand als Folge einer Wette zwischen Marie-Antoinette und dem Grafen von Artois: Der spätere König Karl X. prahlte vor seiner Schwägerin, in drei Monaten ein Lustschlösschen samt Garten errichten lassen zu können. Die Arbeiter des Grafen brauchten nur 64 Tage.

LA DÉFENSE
PUTEAUX
Île de Puteaux
NEUILLY-SUR-SEINE
Seine
Bois de Boulogne
Bagatelle
Pré Catelan
Hippodrome d'Auteuil
Jardin d'Acclimatation
Porte Maillot
Place Charles de Gaulle Étoile
Arc de Triomphe
TERNES
CHAILLOT
Trocadéro
Palais de Chaillot
Tour Eiffel
Champ de Mars
Maison de Radio France
GRENELLE
16
17
Avenue de la Grande Armée
Avenue Foch
Avenue Victor Hugo
Avenue Kléber
Avenue Marceau
Avenue Charles de Gaulle
Route de Longchamp
Allée de la Reine Marguerite
Route de l'Hippodrome
Boulevard Suchet
Boulevard Lannes
Avenue Paul Doumer
Avenue Georges Mandel
Avenue du Président Kennedy
Avenue de Versailles
Boulevard Exelmans
Quai de Grenelle
Boulevard de Grenelle
Avenue de Suffren
Avenue de la Bourdonnais
Avenue Émile Zola
Rue de la Convention
Ranelagh
La Muette
Passy
Bir Hakeim
Dupleix
La Motte Picquet Grenelle
Charles Michels
Javel A. Citroën
Mirabeau
Église d'Auteuil
Michel Ange Auteuil
Michel Ange Molitor
Porte d'Auteuil
Exelmans
Boucicaut
Commerce
Porte Dauphine
Victor Hugo
Kléber
Boissière
Iéna
Rue de la Pompe
Argentine
Pont de Neuilly
Les Sablons
Pereire
Wagram
Ternes
Courcelles
Anatole France
Louise Michel
Porte de Champerret
Porte d'Auteuil
Maßstab 1:20.000
0
300 m
60

Infos

La Défense ①

Der Name des hypermodernen Geschäftsviertels stammt von einer Skulpturengruppe, die hier 1883 errichtet wurde. Louis-Ernest Barrias schuf diese Plastik in Erinnerung an die deutsche Belagerung von Paris (1871); heute in der Mitte d. Esplanade neben der Fontaine Agam zu sehen. 1955, als der Bedarf an Bürofläche immer größer wurde, besannen sich die Städteplaner auf dieses Areal und beschlossen den Bau einer Bürostadt. Dafür wurden 9000 Wohnungen und 1000 Kleinbetriebe enteignet und abgerissen, die Besitzer entschädigt. Auto- und Schienenverkehr verlegte man weitgehend unter die Erde und bedeckte die Tunnel mit einer Betonplattform – L'Esplanade de la Défense. 1959 wurde mit dem Ausstellungszentrum CNIT das erste Gebäude eingeweiht. Mittlerweile ist aus dem Büroviertel (3 Mio. qm Fläche, 100 000 Beschäftigte) eine futuristische Stadt geworden, die trotz ihrer Kinos und Restaurants nach Geschäftsschluss gespenstisch wirkt. Dennoch ist die glitzernde Hochhauswelt ein Erlebnis.

Grande Arche: Der 1989 fertig gestellte riesige Bogen des Dänen Johan Otto von Spreckelsen hat nahezu die Form eines Würfels (Höhe 110 m, Breite sowie Tiefe 106 m) und wiegt 300 000 t. Er besteht aus Beton, Glas, Stahl und Carrara-Marmor und beherbergt zwei Ministerien, mehrere Firmen und eine große Ausstellungsfläche. Der Blick von der Aussichtsterrasse zeigt die Achse, die über den Arc de Triomphe zum Arc de Triomphe du Carrousel führt (tgl. 10.00–19.00, im Sommer bis 20.00 Uhr).

Bois de Boulogne ②

Mit 845 ha ist dies nach dem Bois de Vincennes (995 ha) der größte Wald von Paris. Als das königl. Jagdrevier zum Zufluchtsort von Räuberbanden geworden war, ließ Heinrich II. es 1556 mit einer Mauer umgeben. Die acht Pforten sind bis heute Ausgangspunkt für die Straßen, die in den Wald führen. Ludwig XIV. machte ihn der Öffentlichkeit zugänglich, und so entwickelte er sich zum beliebten Ziel für elegante Spaziergänger. Im 19. Jh. erhielt der Bois de Boulogne seine heutige Gestalt, die Mauer wurde abgetragen und der Wald bis zur Seine erweitert – an deren Ufer jetzt endlich, zum Beginn des 3. Jahrtausends, Spazierwege entstanden. Damals wurden der 10 m hohe Wasserfall **Grande Cascade** und einige Seen sowie die Pferderennbahnen von Longchamp und Auteuil angelegt.

Sehenswertes: Zur Erkundung des Bois de Boulogne am nördlich gelegenen **Jardin d'Acclimatation** kann man Fahrräder ausleihen. Von der Porte Maillot fährt Mi., Sa., So. sowie an Ferientagen 13.30–18.00 Uhr eine Eisenbahn durch den Freizeitpark (Spielplätze, Vergnügungspark, Bauernhof, Ateliers und Werkstätten). Im ›Exploradôme‹, geht es um wissenschaftl. Experimente (tgl. 10.00–18.00, Juli/Aug. 10.00–19.00 Uhr). Nahe dem Jardin d'Acclimatation erzählt das **Musée National des Arts et Traditions Populaires** vom Leben im alten Frankreich (tgl. außer Di. 9.30–17.15 Uhr).

Am **Lac Inférieur** kann man Boote mieten oder sich zum Inselcafé übersetzen lassen. Weiter südlich werden im **Stade Roland Garros** im Mai/Juni die offenen frz. Tennismeisterschaften ausgetragen. Noch weiter südlich liegt der **Parc de Princes**, ein 50 000 Plätze fassendes Stadion für Fußball und Rugby, das durch das neue, zur Fußball-Weltmeisterschaft 1998 erbaute Stade de France in St-Denis an Bedeutung verloren hat. Der 25 ha große **Parc de Bagatelle** ist in den Bois de Boulogne integriert. Er zeigt eine Mischung von Gartenkunst der letzten drei Jahrhunderte und ist für sein Rosarium berühmt – alljährl. ein internationaler Rosenwettbewerb. Das kleine **Château de Bagatelle**, wo sich Napoleon gern aufhielt, entstand 1775, die Kuppel wurde 1852 aufgesetzt.

Musée Marmottan ③

Das Museum in der Parkanlage **Jardin du Ranelagh** zeigt eine Mischung versch. Epochen, da es Werke mehrerer Stiftungen aufgenommen hat. Im prächtigen Haus des Kunsthändlers Paul Marmottan (†1932) findet man u. a. Renaissance- und Empirestücke (Gemälde, Möbel) sowie Bilder von Boudin, Corot, Gauguin, Morisot, Renoir, Pissaro und Sisley. Spektakulär war die Schenkung, die der Sohn Claude Monets 1971 der Stadt machte, zu der 65 Bilder sowie das Haus in Giverny (bei Vernon) gehören (Di.–So. 10.00–17.00 Uhr). Im Ranelagh-Garten auch Spielplätze und Marionettentheater.

Jugendstil: In der Rue de la Fontaine 14 das **Castel Béranger** von H. Guimard, (um 1900). Ein Wohnhaus im selben Stil (Ch. Klein, 1903) in der Rue Claude Chahu .

Palais de Chaillot/Trocadéro ④

Die neoklassizistisch gestaltete Anlage von Azema, Boileau und Carlu gegenüber dem Eiffelturm wurde zur Weltausstellung 1937 errichtet. Hier haben das **Théâtre National de Chaillot**, das Völkerkundemuseum **Musée de l'Homme** (Mi.–Mo. 9.45–17.15 Uhr) und das **Musée de la Marine** (Mi.–Mo.) ihren Sitz. Das **Musée des Monuments Français** ist z.Zt. wegen Umbau geschlossen.

Musée Guimet: An der Place d'Iena wird die größte französische Sammlung fernöstlicher Kunstschätze gezeigt (Mi.–Mo. 10.00–18.00 Uhr).

Musée du Vin ⑤

Das kleine Weinmuseum in der Rue des Eaux bewahrt die Erinnerung daran, dass sich hier einst ein Weinberg befand. Es führt hinein in einen der zahlreichen Steinbrüche, die Paris unterhöhlen. Franziskanermönche, die vom 15. Jh. bis zur Revolution hier ein Kloster bewirtschafteten, nutzten die Steinbrüche als Kellerei. In den engen Gängen gibt es Wachsfiguren an alten Kellereigeräten (Di.–So. 10.00–18.00 Uhr; Weinverkauf).

Maison de Balzac ⑥

Der stille Garten und der unauffällige Pavillon sind Relikte des alten Dorfes Passy. Hier, wo Winzer aus den umliegenden Weingärten u. Arbeiter der nahen Steinbrüche lebten, hatte Honoré de Balzac vor seinen Gläubigern Zuflucht gesucht. Am schlichten Tisch des Häuschens schrieb er einen Großteil seiner 91 Romane und Novellen umfassenden Comédie humaine. Im Museum u. a. Originalmanuskripte, Briefe u. Bilder (tgl. außer Mo. u. Fei. 10.00–17.40 Uhr).

Allée de Cynges ⑦

Die baumbestandene, schmale ›Schwanenallee‹ ist eine der wenigen Möglichkeiten in Paris, im Grünen an der Seine zu promenieren. Die Kähne am linken Ufer erinnern daran, dass die Kapitale auch Hafenstadt ist. An der Südspitze der Insel steht seit 1889 die Freiheitsstatue. Diese verkleinerte Kopie des amerikanischen Originals ruft ins Gedächtnis, dass die **Statue of Liberty** ein Geschenk Frankreichs an die USA war (1886) und in Paris vom Elsässer Bildhauer Bartholdy geschaffen wurde. Über die Pont de Grenelle erreicht man am rechten Seineufer die **Maison de Radio France**. Im Rundbau von 1963 Aufnahme- und Sendestudios sowie Konzertsäle und das **Musée de Radio France** (Führungen Mo.–Sa. 10.30–16.30 Uhr).

Parc André Citroën ⑧

Von 1915 bis in die 1970er-Jahre befanden sich am Ufer des Port de Javal die Autowerke Citroën. In den 1990er-Jahren entstand hier der 14 ha große Park mit zwei Gewächshäusern, Springbrunnen, Kanal und Wasserbecken, verschiedenen Themengärten und viel Rasenfläche. Anlässlich der Jahrtausendwende wurde ein riesiger Fesselballon installiert.

Maßstab 1:20.000 (0 – 200 – 400 – 600 – 800 – 1.000 m)

Streifzüge rund um die Stadt

Paris ist alles – und noch viel mehr. Wer hat da noch Energie, über die Peripherie hinaus zu fahren? Doch die Mühe lohnt sich: Da sind die Gärten von Versailles und Disneyland – beide zu ihrer Zeit als recht gigantische Vergnügungsparks angelegt –, da sind die lichtdurchflutete Kathedrale von Saint-Denis und der abwechslungsreiche Bois de Vincennes. Doch erst ein Abstecher in die Villes Nouvelles macht das Parisbild komplett.

Eine Kunstwelt, die den Wunsch nach risikolosem Abenteuer erfüllt: Disneyland Resort Paris.

▲ Bis 1824 war St-Denis, im Bild die Krypta, Grablege der französischen Könige

▲ Die Basilika St-Denis brachte die Gotik nach Frankreich

▲ St-Denis: Fensterbilder ...

▼ ... und Ludwig XVI. mit Marie-Antoinette

▲ Bois de Vincennes: Skulpturengarten Totéquo, ...

▲ ... das Château und ... ▼ ... der barocke Pavillon du Roi, ein Wohnhaus des Königs

Der Blick auf die Landkarte zeigt es: Wie ein Seerosenblatt liegt Paris in der Île-de-France. Und alles, was nicht Paris ist, das ist graue Provinz. Um die Stadt vom Land zu trennen, wurden seit dem Mittelalter immer wieder Mauern gezogen. Auch die périphérique, der Schnellstraßenring, der die Kapitale wie ein Gürtel umschließt, verläuft auf den Fundamenten einer Mauer aus dem 19. Jahrhundert. Wer jemals versucht hat, diese Autopisten zu Fuß zu überqueren, weiß, wie moderne Stadtmauern funktionieren. Doch natürlich gibt es Schlupflöcher, und die erlauben den Parisern, hin und wieder Landluft zu schnuppern.

Im Wald von Vincennes

Eigenartig, dass der Bois de Vincennes von den Touristenheerscharen so wenig beachtet wird. Dabei ist er größer, schöner und historisch bedeutsamer als sein Bruder im Westen, der Bois de Boulogne. Vielleicht liegt es daran, dass der ärmere Pariser Osten lange ein Schattendasein führte. Doch Versäumtes kann man ja nachholen: Also hinaus aus der City und mit der Métro zur Porte Dorée gefahren – einem dieser Schlupflöcher in der ›Stadtmauer‹. Zu entdecken gibt es vieles (und bei vielem hatte erneut Baron Haussmann seine Hand im Spiel): vier Seen, den größten Zoo Frankreichs, einen botanischen Garten und sogar noch ein modernes Theater in einer alten Pulverfabrik: das Theatre du Soleil, gegründet von Ariane Mnouchkine. Sowie das Château de Vincennes, das bis zum Bau von Versailles Sitz des Königshofs war – ein richtiges Bilderbuchschlösschen. Es fehlen eigentlich nur noch Ritter und adelige Burgfräulein, um die Szenerie perfekt zu machen. Im 14. Jahrhundert galt die heute vergleichsweise bescheiden wirkende Burganlage als die modernste Festung Europas.

Stark gelitten hat der Bois de Vincennes – ebenso wie die Wälder von Boulogne und Versailles – unter dem Dezember-Orkan von 1999. Fast die Hälfte der Bäume wurde entwurzelt oder umgeknickt. Experten vermuten, dass es hundert Jahre dauern wird, bis der Wald wieder ist, was er war. Doch für Großstadtmüde bleibt Vincennes immer noch ein Tipp.

▲ *Eine der Villes Nouvelles: das neuklassizistische Marne-la-Vallée*

▼ *›Spielzeug‹ Marie-Antoinettes: Minidorf Le Hameau*

▼ *Rugby-Match im neuen Stade de France*

▲ *Versailles versinnbildlicht die Idee der absolutistischen Monarchie*

▲ *Rundganghöhepunkt: 73 Meter Spiegelsaal und …* ▼ *… das königliche Schlafgemach*

St-Denis: Sport und hohe Kunst

Ganz anders Saint-Denis. Auch dieser Ausflug ist bequem mit der Métro zu machen. Aber diesmal landet man inmitten einer Industriestadt, dominiert vom riesigen Glasdach des futuristischen Stade de France. Hier, im 500 Mio. Euro teuren Fußballtempel, erspielte sich im Juli 1998 die französische Equipe Tricolore unter den Augen jubelnder Volksmassen den Weltmeistertitel. Es gibt noch einen anderen Grund für einen Abstecher: Die zum Unesco-Weltkulturerbe erklärte Basilika von Saint-Denis, die erste gotische Kirche der Welt, ist mit ihrem lichtdurchfluteten Innern schlicht wundervoll. ›Die schönste Kirche der Christenheit‹ sollte der 1122 begonnene Bau nach dem Willen seines Gründers, des mächtigen Abts Suger, werden – und rund 150 Jahre später war dieser bescheidene Wunsch Wirklichkeit geworden.

Das Schloss der Schlösser

Versailles – auch hier fehlt es nicht an Superlativen: prächtigste Residenz Europas, prägendes Vorbild für die Schlösser des Barock , einzigartiges Beispiel französischer Gartenbaukunst, Inbegriff des absolutistischen Königtums und ein Sinnbild monarchischer Verschwendungssucht. Die gewaltige Schlossanlage und den 94 ha großen, von André le Nôtre entworfenen Park mit seinen zwei Lustschlössern und Marie Antoinettes Miniaturdorf ließ der ›Sonnenkönig‹ Ludwig XIV. ab 1661 erbauen.

Zum Staunen der Untertanen wurden großartige – und wahre Vermögen verschlingende – Feuerwerke abgebrannt. Heute geben die allsommerlich stattfindenden fêtes de nuit und die musikalischen Wasserspiele nur einen schwachen Abglanz jener Gartenfeste, die Ludwig hier feierte.

Les Villes Nouvelles

Die fünf Trabantenstädte, die ab Mitte der 1960er-Jahre um Paris herum aus dem Boden gestampft wurden, sind Marne-la-Vallée, Melun-Sénart, Evry, Saint-Quentin-en-Yvelines und Cergy-Pontoise. Doch am Reißbrett wurden noch nie lebendige Städte geschaffen. Etliche der Orte fingen

▲ *Autogrammstunde mit Kapitän Hook*

▼ *Auf dem Abenteuerpfad*

▲ *Die Philosophie von Disneyland Paris ist einfach: Phantasie und Frohsinn*

▼ *Eingangsgebäude zum märchenhaften Disneyland*

▲ Parc Astérix: … auf dem Königsschild ▲ Hinkelsteintransport … ▼ … ist nicht seine Sache

an zu verwahrlosen, noch bevor sie richtig zu leben begannen. Jenseits der Tristesse, die in den meist von sozial Schwachen bewohnten Siedlungen regiert, gibt es dennoch Interessantes zu sehen. Stararchitekten wie Ricardo Bofill schufen prätentiöse Bauten, in Evry hinterließ Mario Botta die ›letzte neue Kathedrale des zwanzigsten Jahrhunderts‹. Das reizvoll an der Oise gelegene Cergy-Pontoise konnte sich immerhin einen Ruf als Wassersportzentrum erwerben. Handicap der Villes Nouvelles aber bleibt ihre geringe gesellschaftliche Durchmischung und die soziale Spannung, die damit verbunden ist. Um diese Entwicklung zu stoppen, wurde in den vergangenen Jahren der Erwerb von Eigentumswohnungen angeregt, allerdings mit geringem Erfolg, da dort kaum jemand mit dem nötigen Geld lebt.

Man arrangiert sich: Disneyland

Noch eine Kunstwelt, diesmal im american style: Disneyland Paris, das ist perfekte Unterhaltung, die in verschiedene Fantasie- und Erlebniswelten führt. Da gibt es einen handzahmen ›Wilden Westen‹ und das verwunschene Dornröschenschloss, da kann man gefahrlos den Tempel von Indiana Jones oder den Weltraum entdecken und der berühmtesten Maus des Erdballs die Hand schütteln, Popcorn futtern, Golf spielen. Vor allem aber Geld ausgeben. Im Frühjahr 2002 kam für rund 600 Millionen Euro ein zweiter Park dazu: Die Disney Studios bieten Attraktionen rund um Kino, Film, Fernsehen und neue Medien.

Mit Paris, der Stadt der Kunst und Kultur, der Liebe und der Mode, der Straßencafés und der Seinebrücken hat das alles gar nichts mehr zu tun.

Und trotzdem passt es. Denn Paris wäre nicht es selbst ohne den Hang zur Gigantomanie, der Freude an großen Gesten, der Verschwendungssucht und der Fähigkeit, nach vorne zu schauen und Neues zuzulassen. Paris hat sich mit seinem absolutistischen ›Sonnenkönig‹ und seinem größenwahnsinnigen kleinen Kaiser, mit dem Totalsanierer Haussmann und dem sozialistischen Verschwender-Präsidenten Mitterrand arrangiert. Da können auch amerikanische Großkonzerne letzten Endes nur Spuren hinterlassen.

Maßstab 1:300.000
0
5 km
PARIS
Arc de Triomphe
Tour Eiffel
Notre Dame
Louvre
Sacré Coeur
Périphérique
BOULOGNE-BILLANCOURT
VERSAILLES
NANTERRE
ST-DENIS
CHANTILLY
Forêt de Chantilly
SENLIS
PONTOISE
CERGY
CONFLANS
POISSY
ST-GERMAIN-en-Laye
MAISONS-LAFFITTE
ARGENTEUIL
SARCELLES
GONESSE
GARGES-lès-Gonesse
TREMBLAY-en-France
Villepinte
Aéroport de Paris Charles de Gaulle
DAMMARTIN-en-Goële
MITRY-MORY
CLAYE-SOUILLY
LAGNY
Disneyland Resort Paris
MARNE-LA-VALLÉE
CHELLES
VINCENNES
CRÉTEIL
ORLY
Aéroport de Paris-Orly
MASSY
PALAISEAU
ORSAY
GIF-sur-Yvette
ÉVRY
CORBEIL-ESSONNES
MELUN
Dammarie-les-Lys
BRIE-COMTE-ROBERT
TOURNAN-en-Brie
ROISSY-en-Brie
BRÉTIGNY-s.-O.
ARPAJON
MONTLHÉRY
ÉTRÉCHY
ÉTAMPES
DOURDAN
LIMOURS
CHEVREUSE
RAMBOUILLET
MENNECY
BEAUMONT-sur-Oise
L'ISLE-ADAM
AUVERS-sur-Oise
ST-OUEN-l'Aumône
HERBLAY
TAVERNY
DOMONT
GOUSSAIN-VILLE
LOUVRES
VILLIERS-le-Bel
Parc Astérix
Parc des Expositions (Nord)
Forêt de Sénart
Forêt de Fontainebleau
LE CHÂTELET-en-Brie
PERTHES
1
2
3
4
5
6

St-Quentin-en-Yveslines 1

Südwestl. von Versailles, ca. 20 km von Paris entfernt, liegt eine der fünf **Villes Nouvelles**. Hier ist es mit Fußgängerzone, kleinen Geschäften und einem See ansatzweise gelungen, einen attrakt. städt. Lebensraum zu schaffen. Ricardo Bofill, der klassische Stilelemente in den sozialen Wohnungsbau einführte, schuf die Anlagen Les Arcades du Lac (1972–1978) u. Le Viaduc (1974–1981). 30 km südl. von Paris findet man in der ›neuen Stadt‹ **Evry** eine von Mario Botta entworfene moderne Kirche. Der zylindrische Bau ist aus 800 000 Backsteinen errichtet (Mo.–Fr. ab 10.00, So. 14.30–19.00 Uhr).

Versailles 2

Geschichte: Ein Jagdschloss Ludwigs VIII. (um die Cour de Marbre herum zu erkennen) ist Ursprung der gewaltigen Schlossanlage, die Ludwig XIV. ab 1661 errichten ließ. Um das sumpfige Gelände bebaubar zu machen, waren riesige Erdbewegungen und modernste Entwässerungsmethoden erforderlich. Architekten waren zunächst Louis Le Vau, Charles Le Brun (innen) und André Le Nôtre (Gärten, Kanäle). Der Bauabschnitt, der Versailles zur größten Residenz Europas machte, wurde 1677 begonnen. Ludwig hatte seinen ständigen Sitz hier genommen. Wer in Frankreich etwas werden wollte, musste nach Versailles. Der Platzbedarf war enorm, und der neue Baumeister Jules Hardouin-Mansart ließ an das Schloss zwei lang gestreckte Flügel, die Gebäude der Minister und die Pferdeställe anfügen. 1684 war auch das Problem der Wasserversorgung gelöst. Die vielen Bassins, Brunnen und Kanäle konnten durch Pumpen mit Seinewasser gefüllt werden. 1688 wurde das Große Trianon fertig, 1710 die Schlosskapelle. Ludwig XV. ließ ab 1763 das Kleine Trianon sowie die Oper (auch heute Vorführungen) bauen.

1789, bei Ausbruch der Revolution, wurde die Herrscherfamilie gezwungen, nach Paris zurückzukehren. Das Schloss verfiel, bis ›Bürgerkönig‹ Louis-Philippe es in ein nationales Geschichtsmuseum umwandeln ließ. 1871 wurde im Spiegelsaal das Deutsche Reich proklamiert, 1919 der Friedensvertrag von Versailles unterzeichnet.

Sehenswert: U. a. die Repräsentationsräume des Königs (Grand Appartement), die Spiegelgalerie, der königl. Wohnbereich (Appartement du Roi), die kunstvollen Gärten sowie der künstl. angelegte Weiler Le Hameau. (Schlossbesichtigung: Mai–Sept. Di.–So. 9.00 bis 18.30 Uhr, Okt.–April 9.00–17.30 Uhr; Grand und Petit Trianon: 12.00–17.30/18.30 Uhr; Gartenanlagen: 7.00/8.00 Uhr bis Sonnenuntergang.

Sèvres 3

Sehenswert: Der kl. Ort ist für sein Porzellan bekannt. Neben der Manufaktur liegt das 1824 gegr. **Musée de la Céramique** mit vielen ausgefallenen Stücken; es zeigt auch die Entwicklung der Keramik (Place de la manufacture, tgl. außer Di. 10.00–17.15 Uhr). Von hier aus lohnt der Weg durch den angrenzenden **Park von Saint-Cloud** (460 ha). Das Schloss existiert nicht mehr, aber der Park (Le Nôtre, 1690) mit Seen und Kaskaden führt bis zur Seine.

Umgebung: Das benachbarte **Meudon** bot u. a. Rabelais, Mme Pompadour, Rodin und Wagner ländl. Aufenthalt. Der Sohn Ludwigs XIV. ließ einen Weg durch den Wald anlegen (Pavé de Meudon), auf dem man heute noch bis Versailles wandern kann. Auf den Ruinen des abgebrannten Schlosses wurde ein Observatorium errichtet und in der Villa des Brillants, dem Landsitz des Bildhauers, befindet sich das **Musée Rodin**. Er selbst liegt im Garten begraben (Ave. Auguste Rodin Nr. 19, Mitte April–Anf. Nov. Sa.–Mo. 13.30 – 19.00 Uhr).

Saint-Denis 4

Die Industriestadt (11 km nördlich) ist durch mehrere Einwanderungswellen rasch gewachsen (ca. 100 000 Einw.). Sie hat eine lange Tradition als Grablege fast aller fränkisch-französischen Könige (ab 6. Jh.).

Basilique St-Denis: Der Legende nach trug Dionysius (St-Denis), der um 250 am Montmartre enthauptete erste Bischof von Paris, seinen Kopf selbst aus seinem Grab, das zum Wallfahrtsort wurde. 474 entstand eine erste Kapelle; die im 7. Jh. gegr. Benediktinerabtei wurde zur bedeutendsten Frankreichs. Um den Pilgermassen gerecht zu werden, ließ Abt Suger (1081–1154), ein enger Vertrauter Ludwigs VI. und VII., ab 1122 eine Kathedrale im neuen gotischen Stil errichten. 1281 waren die Arbeiten weitgehend abgeschlossen. Später verfiel die Kirche. Unter der Aufsicht von Viollet-le-Duc, der auch Notre-Dame restaurierte, begann 1858 die Wiederherstellung. Die Basilika (108 m lang, 38 m breit, 29 m hoch) besticht durch Leichtigkeit und ein lichtdurchflutetes Inneres. Die Grabdenkmäler zeigen die Entwicklung der Grabmalskunst, von der einfachen Steinplatte (Childebert I.) über Liegefiguren (Karl Martell) bis hin zu pompösen Renaissance-Mausoleen (Franz I.; Sommer Mo.–Sa. 10.00–19.00 Uhr, So. 12.00–19.00 Uhr, Winter Mo.–Sa. 10.00–17.00, So. 12.00 bis 17.00 Uhr).

Stade de France: Das zur Fußball-Weltmeisterschaft 1998 erbaute Stadion bietet unter seinem ellipsenförmigen Dach 80 000 Besuchern Platz. Die größte Freiluftarena Frankreichs wird auch für Rockkonzerte genutzt (Führungen tgl. 10.00–18.00 Uhr, außer bei Veranstaltungen, Eingang H).

Bois de Vincennes 5

Das 995 ha umfassende Naherholungsgebiet gehört zum 12. Pariser Arrondissement, es besteht zu einem Drittel aus Wald. Im 12. Jh. stand hier ein königliches Jagdschloss, das im 14. Jh. durch eine wehrhafte u. kostbar ausgestattete Schlossanlage ersetzt wurde. Im 17. Jh. entstanden unter der Leitung v. Mazarin zwei klassizist. Gebäude entlang des Ehrenhofes. Der Donjon wurde seit dem 16. Jh. als Gefängnis genutzt. Die gegenüberliegende Kapelle wurde weitgehend im 14. Jh. errichtet, jedoch erst 1520 fertig gestellt. Besonders schön ist die Flamboyant-Fassade.

Parks: Von der Südseite des Château de Vincennes sind es wenige Meter bis zum **Parc Floral**, dem Botanischen Garten (31 ha; See, Orchideen-, Heilpflanzengärten, Bonsai-Gewächshaus, Skulpturengarten, Blumenrabatten; tgl. 9.30–17.00, im Sommer bis 20.00 Uhr). Außerdem sehenswert: der **Parc Zoologique**, größter Zoo Frankreichs (tgl. 9.00 bis 17.00, im Sommer bis 18.00 Uhr).

Disneyland Resort Paris 6

Zu dem 1992 bei Marne-la-Vallée (eine der Villes Nouvelles) eröffneten Vergnügungspark gehören fünf ›Länder‹: Main Street (das in die USA vergangener Zeiten führt), Frontierland (Wilder Westen), ein tropisches Adventureland, ein märchenhaftes Fantasyland und das Discoveryland (Weltraum). Seit 2002 blickt man in den Walt Disney Studios hinter die Kulissen von Film- und Fernsehwelt. Hotels, Restaurants, Campingplatz, Golfplatz, See (Bootsleihe) sowie Shows. Die Anlage ist ab Paris mit der RER u. dem TGV (Zug) zu erreichen (tgl. 9.00–20.00 Uhr).

Umgebung: 15 km westl. Versailles b. **Elancourt** liegt **France Miniature**, in dem sich Kinder wie Riesen fühlen und dabei die schönsten Baudenkmäler Frankreichs um das 30-fache verkleinert kennen lernen (März bis 15. Nov. tgl. 10.00–19.00 Uhr). Im Wald von **Ermenonville** (35 km nördl. Paris) liegt der **Parc Astérix**, wo man auf den Spuren des Helden und seines Kumpans Obelix wandeln kann (April bis Okt. tgl. 10.00–19.00 Uhr).

Maßstab 1:300.000
0 2,5 5 7,5 10 12,5 15km

Anreise

Mit dem Auto: Die frz. Autobahnen sind gebührenpflichtig (péage). Aus Nord-, West- und Ostdeutschland erreicht man Paris über die Nordautobahn bis Höhe Flughafen Roissy/Charles-de-Gaulle, 25 km vor Paris. Dann ›Paris Est‹ (Osten) oder ›Porte de la Chapelle‹ (Zentrum) wählen. Vor der Stadtautobahn (périphérique) erneut zw. ›Paris Est‹, ›Paris Ouest‹ (Westen) oder ›Porte de la Chapelle‹ wählen. Aus Süddeutschland, Österreich und der Schweiz über die Ostautobahn kommend erreicht man bei Porte de Bercy die Stadtautobahn. Von dort muss man je nach Ziel zw. ›Périphérique Nord‹ und ›Périphérique Sud‹ und ›Paris Centre‹ wählen.

Mit der Bahn: Züge aus Norddeutschland kommen an der Gare du Nord, Züge aus Süddeutschland, aus Österreich und der Schweiz an der Gare de l'Est an. Nachtreisezüge von Berlin, Hannover, Bielefeld, Hamburg, Bremen, Osnabrück sowie München, Augsburg, Stuttgart und Karlsruhe; Informationen über das DB NachtZug Servicetelefon 01805/141514 oder www.dbnachtzug.de.

Mit dem Flugzeug: Paris besitzt zwei Großflughäfen: Orly (südl.) und den am häufigsten frequentierten Roissy/Charles-de-Gaulle (CDG; nordöstl.). Telefonische Auskunft (auch über Zubringerdienste durch Pendelbusse und die Métro) Orly: 01/49751515; CDG: 01/48622280. Air France: 08/366 81048; Lufthansa: 08/02020030; Austrian Airlines Tel. 08/20816816.

Auskunft

Französisches Fremdenverkehrsbüro ›Maison de la France‹:

Deutschland: 60325 Frankfurt/Main, Westendstr. 47, Tel. 0190/570025, Fax 0190/599061, franceinfo@ mdlf.de, www.franceguide.com

Österreich: 1040 Wien, Argentinierstr. 41 a, Tel. 0900/250015, Fax 01/5032871, info@mdlf. at

Schweiz: 8023 Zürich, Rennweg 42, Tel. 0900/900699, Fax 01/2174617, tourismefrance@bluewin.ch

Erlaubt ist, was gefällt: Christian Lacroix

Paris: Office de Tourisme, 75008 Paris, 127, ave des Champs-Élysées, Tel. 0 892 683112, Fax 01/49525300, www.paris-touristoffice.com, www.parisbienvenue. com und www. paris. org. Tgl. 9.00 bis 20.00, Nebensaison So. nur 11.00 bis 18.00; Gare de Lyon Mo.–Sa. 8.00–20.00; Eiffelturm tgl. 11.00–18.00 Uhr.

Autofahren

Es gelten die gleichen Regeln wie in Deutschland – sie werden nur großzügiger ausgelegt. Das größere Problem sind die Parkplätze, für die man teure Parkscheine aus entsprechenden Automaten zieht. Ein Parkverbot ist durch das Schild ›Stationnement Génant‹ oder durch gelb bzw. weiß rot markierte Bordsteine angezeigt. Ist der Wagen mit einer ›Kralle‹ blockiert oder abgeschleppt, hilft nur noch der Gang zur nächsten Polizeiwache.

Bewachte Parkhäuser am Stadtrand, z. B. die Grand Garage Clignancourt, Rue de Clignancourt Nr. 120 (Tel. 01/46064872).

Diplomatische Vertretungen

Deutschland: Botschaft: 13, ave Franklin Roosevelt, 75008 Paris, Konsulat: 34, ave d'Iena, 75016 Paris, Tel. 01/53834500.

Österreich: Botschaft: 6, rue Fabert, 75007 Paris, Tel. 01/40633063.

Schweiz: Botschaft: 142, rue de Grenelle, 75007 Paris, Tel. 01/49556700.

Einkaufen

Supermärkte und Kaufhäuser: Mo.–Sa. 9.00 bis 19.00 Uhr, kleinere Lebensmittelläden: bis 22.00 Uhr und später, oft auch sonntags.

Das Forum des Halles (ca. 300 Geschäfte) ist größtes Einkaufszentrum der Stadt. Die Traditionskaufhäuser bieten besondere Anreize: ›La Samaritaine‹ beim Pont-Neuf die fantastische Dachterrasse, ›Galeries Lafayette‹ (Blvd. Haussmann) eine Jugendstilkuppel, die benachbarten ›Magasins du Printemps‹ eine Kombination aus beidem. Haute Couture ist vor allem im Faubourg St-Honoré und zw. Champs-Élysées, Ave. Montaigne und Ave. George V. angesiedelt. An der Place Vendôme internationale Juweliere; Delikatessen an der Madeleine bei ›Fouchon‹ und ›Hédiard‹.

In St-Germain-des-Prés unzählige Buchhandlungen und Antiquariate. Bouquinisten am Seineufer. Zahlreiche Märkte, z. B. Rue Mouffetard (Di.–So. 8.00–13.00, 16.00–19.00 Uhr), Blvd. de Belleville (Di.–Fr. 7.00–13.00 Uhr), Rue Daguerre (Di.–So. 8.00–13.00, 16.00 bis 19.00 Uhr), Rue Lépic (Di.–So. 8.00–13.00, 16.00–19.00 Uhr).

Essen und Trinken

Paris hat über 7000 Restaurants, dazu Cafés und Bistros. Kein Wirt außerhalb der touristischen Zentren kann es sich daher leisten, schlecht zu kochen. Ein mit Einheimischen besetztes Restaurant lässt auf ein gutes Preis-Leistungs-

Reisedaten Paris

Flug von Deutschland	Inlandsverkehr	Reisepapiere	Währung	Mietwagen	Benzin	Hotel	Menü	Einfaches Essen	Ortszeit
Frankfurt/M.–Paris ab 170 €	RER C5 Hin- und Rückfahrt Notre Dame – Versailles Rive Gauche 5 €	Personalausweis	Euro	ab 230 € pro Woche (unbegrenzte Kilometer, Versicherung)	1 l Super ca. 1,10 €	DZ o. Frühst.: Luxus ab 350 € Mittelklasse ab 90 €	ab 35 € (ohne Getränke)	ab 10 € (ohne Getränke)	MEZ/MESZ

DATEN UND FAKTEN

- **Einwohner:** In der Ville de Paris leben rund 2,3 Mio. Menschen, womit die Seinemetropole die zur Zeit am dichtesten besiedelte Hauptstadt Europas ist. Obwohl Paris nur wenig mehr als 2 % des Staatsgebietes bedeckt, wohnt fast jeder fünfte Franzose im Großraum Paris. Seit langem ist Paris eine Einwandererstadt, der Anteil der ausländischen Arbeitnehmer beträgt inzwischen mehr als 25 %.
- **Stadtgebiet:** Knapp 106 km^3 umfasst die Gemeindefläche, was etwa einem Achtel des Gebietes von Berlin entspricht. Dieser historische Kern erstreckt sich zwischen 27 und 129 m ü.d.M., höchste Erhebung ist der Montmartre. Wie zwei große konzentrische Ringe verteilen sich die Vororte, die Banlieues, um die Stadt. Der innere Ring besteht aus drei Départements mit den Vororten Hauts-de-Seine, Val-de-Marne und Seine-Saint-Denis. Zum äußeren Ring gehören die noch ländlich geprägten Départements Seine-et-Marne, Essone, Val d'Oise und Yvelines. Zusammen bilden die acht Départements die Region Île-de-France. Diese ist mit einer Gesamtfläche von rund 200 km^2 und knapp 12 Mio. Einwohnern der größte Ballungsraum Europas.
- **Verwaltung:** Erst seit 1977 ist die Stadt zugleich Kommune und Département. Seither dürfen die Pariser einen Stadtrat wählen, der seinerseits den ersten Bürgermeister (Maire) bestimmt – damals war das Jaques Chirac. Das Département Ville de Paris gliedert sich in 20 Arrondissements (Bezirke), jedes davon wiederum in vier Quartiers (Viertel). Die Anordnung der Arrondissements gleicht einer Spirale, die sich, am Louvre (1. Arr.) beginnend, im Uhrzeigersinn zweimal um den historischen Stadtkern der Île de la Cité zu ihrem Endpunkt im 20. Arrondissement bei der Place de la Nation windet. Auch die Postleitzahlen spiegeln dieses System wider, die letzten Ziffern stehen für das Arrondissement.
- **Wirtschaft:** In der Region Paris sind nicht nur 20 % aller Beschäftigten in Frankreich tätig, hier wird auch etwa ein Drittel des Bruttoinlandsprodukts erwirtschaftet. Fast alle wichtigen französischen Unternehmen und zahlreiche internationale Konzerne haben in der französischen Hauptstadt ihren Sitz. Größter Arbeitgeber ist das Dienstleistungsgewerbe mit mehr als drei Vierteln aller Beschäftigten. Zu den wichtigsten Erwerbsquellen gehört der Tourismus mit mehr als 13 Mio. Besuchern pro Jahr.

Verhältnis schließen. Gekocht wird europäisch, indisch, koreanisch, vietnamesisch, chinesisch, karibisch, nord- und westafrikanisch, u. a.m. In Bistros und Cafés gibt es mind. zwei Preisklassen. An der Theke kosten Getränke weniger als am Tisch, und manchmal, z. B. auf den Champs-Élysées, gibt es noch eine dritte Preisstufe für Terrassenplätze.

Feiertage

1. Jan., Ostermontag, 1. Mai, 8. Mai (Waffenstillstand Zweiter Weltkrieg), Christi Himmelfahrt, Pfingstmontag, 14. Juli (Nationalfeiertag), 15. Aug. (Mariä Himmelfahrt), 1. Nov. (Allerheiligen), 11. Nov. (Waffenstillstand Erster Weltkrieg), 25. Dez. An diesen Tagen bleiben Supermärkte, Banken, Postämter und einige Museen geschlossen.

Hotels

Preise:

€€€€	Doppelzimmer über 200 Euro
€€€	Doppelzimmer 170–200 Euro
€€	Doppelzimmer 110–170 Euro
€	Doppelzimmer 60–110 Euro

Luxus: €€€€ **Crillon**, 10, Place de la Concorde (8. Arr.), Tel. 01/44711501, Fax 01/44 711503, www.crillon.com, 163 Zimmer. Zur Jahrtausendwende restaurierte Nobelherberge der Familie Taittinger. Ein Traum: die Leonard-Bernstein-Suite. Kronleuchter, Spiegel und Marmor wetteifern im „Ambassadeurs" von Chefkoch Dominique Bouchet; das Restaurant „l'Obélisque" dekorierte Sonja Rykiel.

€€€€ **George V**, 31, Avenue George V (8. Arr.), Tel. 01/49527000, Fax 01/49527010, www.fourseasons.com/paris, 245 Zimmer, Spitzenkomfort inkl. Fitnesscenter, Pool und Hamam. Das Restaurant „Le Cinq" und Chefkoch Legandre erhielten 2001 den zweiten Michelinstern.

€€€€ **Ritz**, 15, Place Vendôme, 1. Arr., Tel. 01/43163030, Fax 01/43163668, www.ritz.com, 174 Zimmer. Jahrelang wohnte Ernest Hemingway in dem berühmten Grandhotel, dessen Bar längst seinen Namen trägt. 1979 investierte Mohamed Al Fayed rund 250 Mio. Dollar in das Denkmal der Gastlichkeit, bis heute eines der besten Hotels der Welt.

Gehobene Preisklasse: €€€ **Buci**, 22, Rue Buci, 6. Arr., Tel. 01/55427474, Fax 01/ 55427444, www.bucihotel.com, 24 Zimmer. Schnuckeliges Designerhotel mit geschmackvollen Zimmern im Herzen von Saint-Germain-des-Prés.

€€€ **Ferrandi**, 92, Rue du Cherche-Midi, 6. Arr., Tel. 01/42229740, Fax 01/45448997, www. smallandeleganthotels.com, 42 Zimmer. Stadtpalast des 19. Jh.s mit Mahagonimöbeln, Kristallleuchtern und kuscheligen Himmelbetten

Nobelherberge ersten Ranges: Hotel Crillon

●●● Square, 3, Rue de Boulainvilliers, 16. Arr., Tel. 01/44149190, Fax 01/44149199, www.slh.com/square, 80 Zimmer. Schlafen wie in einer Kunstgalerie mit Ausstellungen über vier Etagen.

Mittlere Preisklasse: ●● **Chevaliers** (des), 30, Rue de Turenne, 3. Arr., Tel. 01/42727347, Fax 01/42725410, www.paris.hotelguide.net, 24 Zimmer. Mitten im Marais, nur einen Steinwurf vom Picassomuseum entfernt. Das Frühstück wird im Kellergewölbe aus dem 17. Jh. serviert.

●● **Marroniers**, 21, Rue Jacob, 6. Arr., Tel. 01/43253060, Fax 01/40468356, 37 Zimmer. Den Kastanienbäumen im Garten verdankt das Hotel im Barockstil seinen Namen. Die schönsten Zimmer liegen im ersten Stock.

●● **Place du Louvre**, 21, Rue des Prêtres-Saint-Germain-l'Auxerrois, 1. Arr., Tel. 01/42337868, Fax 01/42330995, E-Mail: hotel.place.louvre@wanadoo.fr, 20 Zimmer. Mit Blick auf den Louvre verbringt man die Nacht in einem der nach berühmten Malern benannten Zimmern.

Günstig und gut: ● **Du 7e Arts**, 20, Rue Saint-Paul, 4. Arr., Tel. 01/44548500, Fax 01/42776910, E-Mail: hotel7art@wanadoo.fr, 23 Zimmer. Clark Gable, Marilyn Monroe und andere Stars der Filmgeschichte zieren Salon und Zimmer des kleinen Hotels im Marais.

● **Chopin**, 10, Boulevard Montmartre /46, Passage Jouffroy, 9. Arr., Tel. 0147705810, Fax 01/42470070, 36 Zimmer. Am Ende der nostalgischen Einkaufspassage Jouffroy bietet Philippe Bidal ein „bezahlbares" Hotel mit gemütlichem Ambiente.

● **Jeanne d'Arc**, 3, Rue de Jarente, 4. Arr., Tel. 01/48876211, Fax 01/48873731, www.paris-hotels.com, 36 Zimmer. Gepflegt, günstig und nahe der Place des Vosges. Für Familien auch Vierbettzimmer.

Bed & Breakfast, Alcôve & Agapes, 8 bis, Rue Coysevox, 18. Arr., Tel. 01/44850605, Fax 01/44850614, E-Mail: info@paris-bedandbreakfast.com

Museen

Viele der über 100 Museen in Paris haben Mo. geschlossen und gewähren am 1. So. im Monat (vorm.) freien Eintritt. Öffnungszeiten und Sonderschauen sind den Wochenprogrammen (s. Informationen) zu entnehmen. Mit der ›**Carte Musées-Monuments**‹ sind über 70 Museen und Denkmäler von Paris und der Île de France frei zugänglich (1-, 3-, 5-Tages-Pass; erhältlich beim Office de Tourisme, den beteiligten Museen und in den FNAC-Geschäften). Man vermeidet auch lange Wartezeiten an den Kassen.

Notdienste

Polizei (Police Secours): Tel. 17.; **Feuerwehr** (Pompiers): Tel. 18. **Notarztwagen** (SAMU): Tel. 15. **Ärztlicher Notdienst** (SOS-Médecins): Tel. 01/47077777. **Zahnärztlicher Notdienst** (SOS Dentaire): Tel. 01/43375100. **Vergiftungszentrale** (Centre anti-poisons): Tel. 01/40054848. **24-Std.-Apotheken** sind Pharmacie Dhéry, 84, ave de Champs-Élysées; Drugstore Champs-Élysées, 133, ave de Champs-Élysées; Pharmacie Internationale, 5, pl Pigalle; Pharmacie des Arts, 106, blvd de Montparnasse.

Fundbüro: Préfecture de Police, 36, rue des Morillons, Tel. 01/55762020, Mo., Mi. Fr. 8.30–17.00, Di., Do. 8.30–20.00 Uhr.

Autopanne: Tel. 0800/089222 (dt.); ADAC, Tel. 01/45004295 (dt.).

Öffentlicher Nahverkehr

Busse: Das Busnetz ist sehr dicht geknüpft. An den Haltestellen sowie im Bus hängt die jeweilige Streckenführung. Die Busse halten auf Handzeichen. Sie sind 6.30 bis ca. 20.30 Uhr unterwegs, in Einzelfällen auch länger. 18 Nachtbuslinien (Noctambus) verbinden 1.00–5.30 Uhr das Stadtzentrum mit den Randbezirken.

Métro: Die U-Bahn (M) verfügt über 15 Linien. Alle Züge sind tgl. 5.30–0.30 Uhr unterwegs.

RER: Der Réseau Express Régional ist das schnellste Verkehrsmittel in Paris. Allerdings ist das RER-Netz nicht so fein geknüpft wie das der Métro. Die Linien A, B, C, D verzweigen sich teils am Stadtrand und führen in die Vororte und die Île de France.

Fahrscheine: Das für Busse, Métro und RER geltende carnet (Block mit 10 Fahrkarten; erhältlich in allen Métrostationen und jedem Tabac) ist relativ günstig. Das Touristenticket Paris Visite für 1–3 bzw. 5 Tage, das für einige Sehenswürdigkeiten Ermäßigungen gewährt, lohnt sich nur für Vielfahrer.

Post und Telefon

Postämter sind Mo.–Fr. 8.00–19.00 Uhr geöffnet, Sa. 8.00–12.00 Uhr. Das Louvre-Postamt hat tgl. rund um die Uhr geöffnet. Briefmarken (timbres) sind in Postämtern sowie jedem Tabakladen erhältlich. Fast alle Telefonzellen haben Karten-Telefone. Telefonkarten (50 bzw. 120 Einheiten) gibt es in allen France-Telecom-Läden, Postämtern, Tabakläden und an Zeitungskiosken. Jedes Kartentelefon hat eine eigene Rufnummer, unter der man sich zurückrufen lassen kann.

Vorwahlen: Ländervorwahl für Anrufe nach Frankreich: 0033. Regional-Vorwahl für Paris

Erholung unter dem Eiffelturm

und Ile de France: 01. Bei Gesprächen aus dem Ausland entfällt die ›0‹ vor der Regional-Vorwahl. Die Ländervorwahl für Gespräche aus Frankreich nach Deutschland: 0049; nach Österreich: 0043; in die Schweiz: 0041. Es folgt die jeweilige Ortsvorwahl, ebenfalls ohne ›0‹.

Restaurants

Preise:

●●●●	Gourmettempel
●●●	Menü über 45 Euro
●●	Menü 30–45 Euro
●	Menü 15–30 Euro

Gourmettempel: ●●●● **L'Ambroisie**, 9, Place des Vosges, 4. Arr., Tel. 01/42785145, So., Mo. Ruhetag. Inhaber und Küchenchef Bernard Pacaud gehört mit drei Michelin-Sternen zur Elite der Seinemetropole.

●●●● **Grand Véfour**, 17, Rue de Beaujolais, 1. Arr., Tel. 01/42965627, Sa., So. Ruhetag. Guy Martins hochgelobte savoyardische Küche wird in königlichem Dekor unter den Arkaden des Palais Royal serviert. Schon Napoleon dinierte am Tisch Mitte rechts mit Josephine.

●●●● **Jules Verne**, Champ de Mars/Tour Eiffel, 7. Arr., Tel. 01/45556144. Das Interieur ist unaufdringlich in schwarzen und malvenfarbigen Tönen gehalten, um nicht vom atemberaubenden Blick aus der zweiten Etage des Eiffelturms abzulenken.

Feinschmeckerlokale: ●●● **59, Avenue Raymond Poincaré**, 16. Arr., Tel. 01/47271227, Sa., So. Ruhetag. Weiße Stuhlbezüge und graue Hightechlampen setzen Akzente im Trendlokal des Starkochs Alain Ducasse.

●●● **Bofinger**, 5, Rue de la Bastille, 3. Arr., Tel. 01/42728782. Älteste und eine der schönsten Brasserien mit Jugendstildekor. Am begehrtesten sind die Plätze unter der riesigen Glaskuppel.

GESCHICHTE

- **3. Jh. v. Chr.** Erst Besiedlung der Seineinseln durch die keltischen Parisii.
- **52 v. Chr.** Nach dem Sieg über die Gallier gründen die Römer Lutetia.
- **508** Paris wird Hauptstadt des Frankenreiches.
- **12./13.Jh.** Systematischer Ausbau der Cité um die 1160 begonnene Kathedrale Notre-Dame. Kaufleute erhalten weit reichende Privilegien für das Marktviertel La Ville auf der rechten Flussseite. Auf dem linken Seineufer stiftet Robert de Sorbonne ein Kolleg, aus dem die berühmte Universität hervorgeht. Bau der ersten mittelalterlichen Stadtmauer mit dem Louvre als wichtigster Festung.
- **1358** Blutige Auseinandersetzungen zwischen Krone und Pariser Bürgertum unter Etienne Marcel.
- **1420–1436** Während des 100-jährigen Krieges wird Paris von den Engländern besetzt.
- **1528** François Ier ernennt Paris wieder zur Hauptresidenz.
- **1562–1598** Religionskriege zwischen Katholischer Liga und Reformierten (Hugenotten).
- **17. Jh.** Henri IV. lässt den Louvre ausbauen und die Place des Vosges anlegen. Auf Betreiben Kardinal Richelieus schränkt Louis XIII. die Machtbefugnisse des Adels zugunsten des Königtums ein. Unter Louis IV. erreicht der Absolutismus seinen Höhepunkt. Der „Sonnenkönig" verlegt 1682 den Regierungssitz nach Versailles.
- **18. Jh.** Mit dem Sturm auf die Bastille am 14. Juli 1789 beginnt die Französische Revolution. Auf der Place Royale, später Place de la Concorde genannt, werden tausende hingerichtet, bevor Robespierre 1794 selbst unter der Guillotine stirbt.
- **1804** Napoleon Bonaparte krönt sich in Notre-Dame zum ersten Kaiser der Franzosen.
- **1852–1870** Napoleon III. und sein Präfekt Baron George Eugene Haussmann verleihen der Hauptstadt ein neues Gesicht. Paris wird zur strahlenden Metropole mit breiten Boulevards, Markthallen und Parkanlagen.
- **1871** Niederschlagung des Aufstandes der Pariser Kommune als Folge des Deutsch-Französischen Krieges und Proklamation der Republik.
- **1889** Bau des Eiffelturms zur Weltausstellung.
- **Um 1900** Eröffnung der ersten Métrolinie. Belle Époque: Paris avanciert zur Kunst- und Kulturhauptstadt Europas.
- **1919** Friedensvertrag von Versailles
- **1940–1944** Deutsche Truppen besetzen Paris.
- **1956** Am westlichen Stadtrand entsteht das Büroviertel La Défense.
- **1969–1977** Abriss der Markthallen („Bauch von Paris") und Bau des Einkaufs- und Kulturzentrums Forum des Halles sowie des Centre Pompidou.
- **1996** Als das letzte von Präsident Mitterrands Großprojekten wird die Bibliothèque Nationale de France eingeweiht.
- **2000** Nach Abschluss der Umbauarbeiten ist der Louvre nun das größte Kunstmuseum der Welt.
- **2002** Im Westflügel des Palais de Tokyo öffnet das neue Museum für Gegenwartskunst seine Tore.

€€€ **Le Train Bleu**, 20, Boulevard Diderot, Gare de Lyon, 12. Arr., Tel. 01/43430906. Benannt ist das „schönste Bahnhofsrestaurant der Welt" nach dem legendären „Blauen Zug", der 1922 bis 1960 zwischen Paris und der Côte d'Azur verkehrte. Nun speist man hier beste Lyoneser Spezialitäten mit herrlichem Blick auf prächtige Deckengemälde, die von einer Bahnreise ans Mittelmeer erzählen.

Französische Küche: €€ La Coupole, 102, Bd. du Montparnasse, 14. Arr., Tel. 01/43201420 Stammlokal von Jean-Paul Sartre und Simone de Beauvoir. Seit 1927 ist die noble Art-déco-Brasserie eine Institution am Montparnasse, so riesig wie legendär.

€€ **Le Dôme**, 108, Bd. du Montparnasse, 14. Arr., Tel. 01/43352581, Mo. Ruhetag. Das elegante Fischlokal war und ist der Platz zum Austernessen! Dazu gibt es aromatisches Brot und Rohmilchbutter – und das auch noch nach Mitternacht.

€€ **Le Fermette Marbeuf**, 5, Rue Marbeuf, 8. Arr., Tel. 01/42860088. Das wunderschöne Lokal im Stil des Art Nouveau entwarf Emil Hurté im Jahre 1898. Heute offeriert hier Gilbert Isaac beste französiche Regionalküche mit ausgezeichneten Bordeauxweinen zu erschwinglichen Preisen in bezauberndem Ambiente.

Gut und günstig: € **Chartier**, 7, Rue du Faubourg-Montmartre, 9. Arr., Tel. 01/47708629. Seit über 100 Jahren gibt es in dem Riesenlokal im alten Stil deftige Eintöpfe, Kalbsblanquette und Blutwurst, bedienen Kellner in langer weißer Schürze, schwarzer Weste und Fliege.

€ **L'Epi Dupin**, 11, Rue Dupin, 6. Arr., Tel. 01/42226456, Sa., So., Mo. Mittag Ruhetag. Haute Cuisine zu moderaten Preisen bietet François Pasteau in diesem kleinen (nur zehn Tische), aber feinen Bistro in St-Germain-des-Prés.

€ **Le Petit Zinc**, 11, Rue Saint Benoît, 6. Arr., Tel. 01/42866100. Jugendstillokal gegenüber dem Latitudes Jazz Club in St-Germain-des-Prés. Versuchen Sie die bretonischen Austern oder Fasan mit Selleriekartoffelmus.

Cafés: **Angélina**, 226, Rue de Rivoli, 1. Arr., Tel. 01/42608200. Der herrliche Belle-Epoque-Salon unter den Arkaden der Rue de Rivoli ist Treffpunkt der Modeszene.

Les Deux Magots, 170, Boulevard Saint-Germain, 6. Arr., Tel. 01/45485525. Teuer, aber sicher auch das schönste Literatencafé, in dem schon André Gide, Ernest Hemingway und Sartre verkehrten.

Le Web Bar, 32, Rue de Picardie, 3. Arr. Freundliches Cybercafé in einer ehemaligen Goldschmiede; E-Mail: webbar@imaginet.fr

STADTRUNDFAHRTEN

Bus: Der Verkehrsverbund RATP betreibt eine Touristenlinie ›L'Open Tour‹. Ihre Doppeldecker verkehren alle 15–30 Min. und kommen an den wichtigen Sehenswürdigkeiten vorbei (Auskunft Tel. 01/43465206). Zahlreiche Unternehmen bieten unterschiedlichste Stadtrundfahrten an.

Fahrrad: ›Paris à vélo c'est sympa!‹ (37, blvd. Bourdon, Tel. 01/48876001), Verleih und geführte Touren. Ausflüge und Touren auch über RATP: Maison Roue Libre, 95bis, rue Rambouteau, Tel. 01/53464377.

Boot: April bis November verbindet der Batobus die bedeutendsten Sehenswürdigkeiten miteinander. Haltestellen: Eiffelturm, Musée d'Orsay, Saint-Germain-des-Prés, Notre-Dame, Jardin des Plantes, Hôtel de Ville, Louvre, Champs-Élysées.

Flussrundfahrten: Bateaux Parisiens (Quai Montebello oder am Fuß des Eiffelturms, Tel. 01/44113342), Vedettes de Paris (Port de Suffren, Tel. 01/44180803), Vedettes du Pont-Neuf (Sq. du Vert-Galant, Tel. 01/46339838), Bateaux-Mouches (Pont de l'Alma, Tel. 01/40769999). Nächtliche Dinner-Cruises bei Bateaux Parisiens, Vedettes du Pont-Neuf und bei Yachts de Paris (Quai Henri IV, Tel. 01/44541470).

Kanalfahrten: Canauxrama (Tel. 01/42391500) und bei Paris Canal (Tel. 01/42409697), beide Quai de la Loire, am Bassin de La Villette.

Taxis

Freie Taxis sind am leuchtenden Dachschild zu erkennen und werden per Handzeichen herangewunken. Innerhalb von Paris gilt ein günstiger Tag-Tarif (7.00–20.00 Uhr und ein um 50% teurerer Nacht-Tarif (20.00–7.00 Uhr)

Veranstaltungsprogramme

Einen guten Überblick über das Veranstaltungsangebot bieten die beiden Programmhefte ›L'Officiel des spectacles‹, und ›Paris-cope‹ (jeweils mittwochs am Kiosk).

Währung

Frankreich hat am 1. Januar 2002 auch den Euro eingeführt. Kreditkarten sind gängiges Zahlungsmittel. Banken sind Mo.–Fr. 9.00–16.30 Uhr geöffnet. An vielen Bankautomaten kann mit Bankkarte/Kreditkarte Geld abgehoben werden. Trinkgeld (pourboire) wird für fast alle Dienstleistungen erwartet.

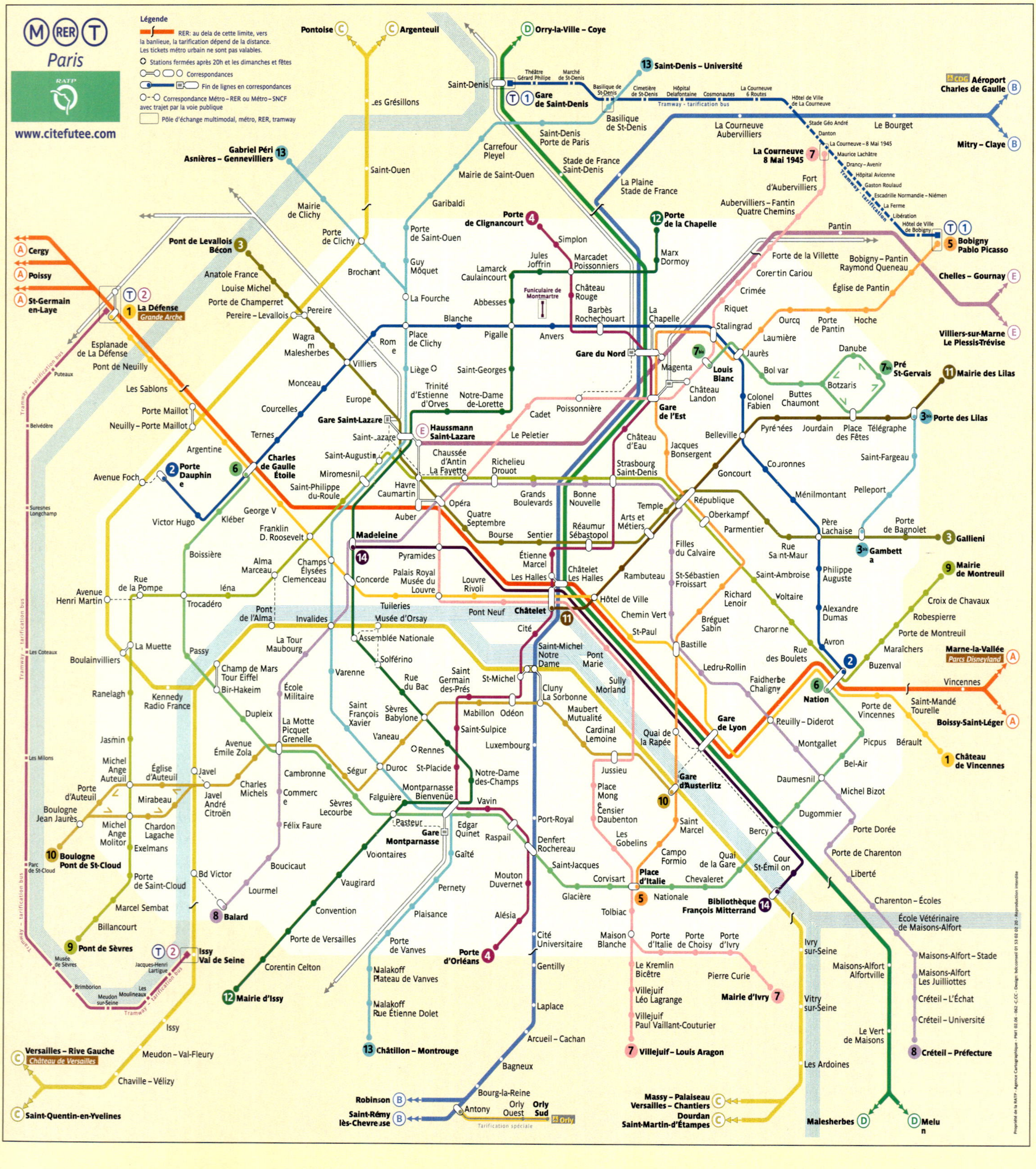

Register

Register

Fette Ziffern verweisen auf Abbildungen

Zeichenerklärung

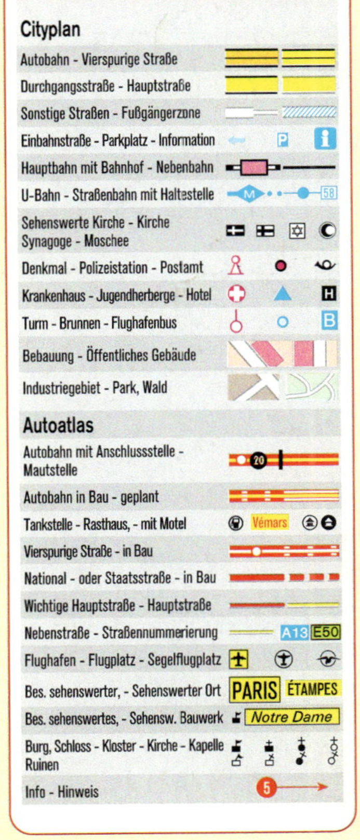

Impressum

2. aktualisierte Auflage 2004
Verlag: HB Verlag, Marco-Polo-Zentrum, 73760 Ostfildern, Postfach 3151, 73751 Ostfildern, Tel. 0711/4502-0, Fax 0711/4502-135, www.hb-verlag.de, hb@mairs.de
Geschäftsführer: Dr. Thomas Brinkmann, Dr. Stephanie Mair-Huydts

Chefredaktion und Programmleitung: Rainer Eisenschmid, Birgit Borowski
Redaktion: Dr. Madeleine Reincke
Text: Cornelia Franz und Leo Strohm, Hamburg
Exklusiv-Fotografie: Achim Gaasterland, Köln (S.8/9, 24 M.r., 24 u., 25 o., 28 M.r., 34 o., 38 o., 39 o., 40 o., 42 u.l., 43 u., 50 o., 50 M., 51 u., 53 o.l., 54 u.l., 54 u.r., 55 o., 58 u., 64 o.l., 64 M, 64 u.r., 76/77, 81 u., 95 M.r., 95 u., 100 M.r., 101 o., 101 u.) und Philip Kuypers, Paris (alle anderen Abbildungen); Titelbild: laif/Celentano (Eiffelturm)
Zusätzliches Fotomaterial: laif (S. 18/19), Dr. Madeleine Reincke (S. 29 u., 108, 109)
Grafische Konzeption: CYCLUS · Visuelle Kommunikation, Stuttgart
Layout: Rolf Bünermann, Gütersloh
Kartografie: © Mairs Geographischer Verlag, Ostfildern
HB Bildatlas Fotoservice: HB Verlag, Marco-Polo-Zentrum, 73760 Ostfildern, Tel. 0711/4502-266, Fax 0711/4502-1006, nebel@mairs.de

Anzeigenalleinverkauf: KV Kommunalverlag GmbH & Co. KG, Postfach 810565, 81905 München, Tel. 089/928096-14 und -21, Fax 089/928096-38
Vertrieb Zeitschriftenhandel: Partner Pressevertrieb GmbH, Postfach 810420, 70521 Stuttgart, Tel. 0711/7252-227, Fax 0711/7252-310
Vertrieb Abonnement: Zenit Pressevertrieb GmbH, Postfach 810640, 70523 Stuttgart, Tel. 0711/7252-265, Fax 0711/7252-333, hbverlag@zenit-presse.de
Vertrieb Buchhandel und Einzelhefte: Mairs Geographischer Verlag, Marco-Polo-Zentrum, 73760 Ostfildern, Tel. 0711/4502-0, Fax 0711/4502-340
Reproduktionen: Otterbach Medien KG GmbH & Co., Rastatt
Druck und buchbinderische Verarbeitung: Echter Druck GmbH, Würzburg. Printed in Germany

ISBN 3-616-06132-6

Lieferbare Ausgaben

HB Bildatlas

DEUTSCHLAND

227 Allgäu
198 Altmühltal
204 Bayerischer Wald
235 Berlin
235 Berlin (englische Ausgabe)
185 Bodensee
111 Brandenburg
178 Chiemgau · Berchtesgadener Land
145 Dresden · Sächsische Schweiz
256 Eifel · Aachen
260 Elbe und Weser
163 Erfurt · Weimar · Nördliches Thüringen
171 Erzgebirge · Vogtland · Chemnitz
190 Fichtelgebirge · Frankenwald · Coburger Land
242 Frankfurt · Taunus · Rheingau
125 Fränkische Schweiz
253 Hamburg
253 Hamburg (engl. Ausgabe)
73 Hannover · Braunschweiger Land
129 Harz
188 Hessisches Bergland
234 Hunsrück · Naheland · Rheinhessen
233 Leipzig · Halle · Magdeburg
209 Lüneburger Heide
137 Mainfranken
179 Mecklenburgische Seen
240 Mecklenburg-Vorpommern
151 Mittelfranken
249 Mosel
165 München
255 Münsterland · Münster
153 Nördlicher Schwarzwald
159 Nordseeküste Schleswig-Holstein
196 Oberbayern zwischen Lech und Inn
143 Odenwald · Kraichgau · Bergstraße
219 Osnabrücker Land · Emsland · Oldenburger Münsterland · Grafschaft Bentheim
155 Ostbayern zwischen Donau und Inn
211 Ostfriesland · Oldenburger Land
168 Ostseeküste Mecklenburg-Vorpommern
157 Ostseeküste Schleswig-Holstein
215 Pfalz
194 Potsdam · Havelland
149 Rhein und Ruhr
243 Rhein zwischen Köln und Mainz
127 Rhön
208 Rügen · Usedom · Hiddensee
161 Saarland
258 Sachsen
114 Sachsen-Anhalt
200 Schwäbische Alb
147 Spessart
214 Spreewald · Lausitz · Märkisch-Oderland
247 Südlicher Schwarzwald
224 Sylt · Amrum · Föhr
182 Tauber und Neckar · Stuttgart · Heilbronn · Rothenburg
173 Teutoburger Wald · Ostwestfalen
94 Thüringen
141 Thüringer Wald
202 Trier
237 Weserbergland

BENELUX

246 Amsterdam
187 Flandern · Brüssel
146 Holland: Inseln · Küste · Amsterdam
62 Luxemburg

FRANKREICH

160 Atlantikküste
122 Bretagne
217 Burgund
225 Côte d'Azur · Monaco
222 Elsass
221 Korsika
132 Normandie
229 Paris
192 Provence
184 Südfrankreich · Languedoc-Roussillon

GRIECHENLAND

193 Athen · Peloponnes
140 Griechische Inseln: Kykladen
189 Korfu · Ionische Inseln
228 Kreta
104 Rhodos · Dodekanes
166 Zypern

GROSSBRITANNIEN · IRLAND

158 Irland
197 Kanalinseln
175 London
231 Nordengland
144 Schottland
241 Südengland
216 Wales

ITALIEN · MALTA · KROATIEN

195 Adriaküste · Emilia-Romagna
239 Gardasee · Trentino
156 Golf von Neapel · Kampanien
74 Italienische Riviera
238 Kroatische Adriaküste
254 Malta
210 Mittelitalien: Marken · Umbrien · Abruzzen
142 Oberitalienische Seen · Lombardei · Mailand
230 Piemont · Aostatal
226 Rom
136 Sardinien
232 Sizilien
201 Süditalien: Apulien · Basilikata
207 Südtirol
167 Toskana · Florenz
181 Venedig · Venetien · Friaul · Triest

MITTEL- UND OSTEUROPA

164 Böhmen
138 Budapest
148 Danzig · Ostsee · Masuren
248 Prag
152 St. Petersburg
244 Südpolen

ÖSTERREICH

162 Burgenland
170 Kärnten
199 Niederösterreich · Wachau
218 Oberösterreich
220 Salzburger Land · Salzkammergut · Salzburg
174 Tirol
47 Vorarlberg
206 Wien

SCHWEIZ

154 Basel · Bern · Aargau · Solothurn
172 Tessin
191 Westschweiz
72 Zentral- und Ostschweiz

SPANIEN · PORTUGAL

236 Algarve · Lissabon
223 Andalusien
150 Costa Blanca
109 Costa Brava · Katalonien
176 Gran Canaria · Fuerteventura · Lanzarote
213 Ibiza · Formentera · Menorca
259 Kanarische Inseln
245 Lanzarote
134 Madrid
212 Mallorca
203 Nordportugal
205 Nordspanien
177 Teneriffa · La Palma · Gomera · Hierro

SKANDINAVIEN

183 Bornholm
186 Jütland
180 Nordnorwegen
169 Südfinnland · Helsinki
106 Südnorwegen
250 Südschweden · Stockholm

TÜRKEI

252 Türkische Mittelmeerküste

AUSSEREUROPÄISCHE ZIELE

251 Kanadas Westen
257 Südafrika

HB Bildatlas Euro-Special

13 Belgien
6 Dänemark
15 Deutschland
15 Deutschland (englische Ausgabe)
8 England · Wales
17 Finnland
1 Frankreich
7 Griechenland
2 Italien
10 Niederlande
11 Norwegen
5 Österreich
14 Polen
9 Portugal
12 Schweden
4 Schweiz
3 Spanien
16 Tschechien
18 Ungarn

HB Bildatlas Special

AFRIKA · NAHER OSTEN

67 Ägypten
64 Arabien: V. A. Emirate · Oman · Kuwait · Qatar · Bahrain
52 Indischer Ozean: Madagaskar · Mauritius · La Réunion · Seychellen · Komoren
17 Israel
47 Jemen
29 Jordanien
15 Kenia
72 Marokko
61 Namibia
22 Südafrika · Namibia
41 Syrien
71 Tunesien · Libyen

AUSTRALIEN · OZEANIEN

45 Australien: Westen
27 Australien: Osten
18 Neuseeland
38 Südsee

EUROPA

7 Island
54 Madeira · Azoren · Kapverden

SÜD- UND SÜDOSTASIEN · FERNER OSTEN

12 Bali · Lombok · Java
25 Himalaya
10 Hongkong
53 Indien: Rajasthan · Delhi · Agra
39 Indien: Südindien
23 Japan
43 Peking
69 Philippinen
19 Singapur · Malaysia
34 Sri Lanka und Malediven
49 Südkorea
70 Thailand
36 Vietnam

SÜD- UND MITTELAMERIKA · KARIBIK

44 Argentinien
30 Brasilien: Rio und die Küste · Minas Gerais
57 Chile
55 Dominikanische Republik · Haiti
63 Ecuador und Galápagos-Inseln
60 Jamaika
9 Karibik
65 Kleine Antillen: Antigua · Guadeloupe · Martinique · Barbados u. a.
33 Kuba
73 Mexiko
40 Mittelamerika: Guatemala · El Salvador · Honduras · Belize
51 Peru
28 Venezuela

USA · KANADA

58 Alaska
48 Chicago und die Großen Seen
62 Florida
24 Hawaii
2 Kalifornien
32 Kanadas Osten
68 Las Vegas · Grand Canyon
31 Nationalparks
46 Neuengland · Boston
20 New Orleans und die Südstaaten
5 New York
35 Nordkalifornien · San Francisco
56 Nordwesten: Washington · Oregon
50 Rocky Mountains
66 Route 66
42 Südkalifornien · Los Angeles
37 Südstaaten · Washington D. C.
26 Südwesten: Nevada · Utah · Arizona · New Mexico
59 Texas